Friedbert Becker

Der
Psycho Bestseller

Möglichkeiten und Unglaublichkeiten
der menschlichen Seele.

Bibliografische Information der Deutschen Nationalbibliothek:
Die Deutsche Nationalbibliothek verzeichnet diese Publikation in der Deutschen Nationalbibliografie; detaillierte bibliografische Daten sind im Internet über http://dnb.d-nb.de abrufbar.

Impressum:

Herstellung und Verlag:
Book on Demand GmbH, Norderstedt

ISBN: 9783837019407

Inhaltsverzeichnis

Dem Leser zur Warnung

Dieses Buch sollten Sie nicht lesen, wenn Sie:

- ... arm, krank und unglücklich sind und ernsthaft glauben, das wäre alles in Ordnung so.
- ... sich selbst so leid tun, dass sie keine Zeit für andere Gedanken mehr haben.
- ... zu der großen Schar Esoteriker gehören, die auf der Schwelle der Erleuchtung stehen oder diese bereits überschritten haben.
- ... ein Mensch sind, der alles besser weiß und alles besser kann (d.h., wenn Sie ein sogenannter „Klugscheisser“ sind).

Es sei denn, Sie sind noch flexibel genug, um sich auf ein ganz persönliches Abenteuer einzulassen. Dieses Buch enthält eine Fülle von Möglichkeiten und Unglaublichkeiten für ein atemberaubend spannendes Leben.

Sind Sie bereit?

Kapitel 1

Möglichkeiten

Die Zombis, eine Laune der Natur?

Sicher kennen Sie auch Menschen, mit einer besonderen Vorliebe zu Kritik und Misstrauen.
Menschen, die an allem und jedem etwas auszusetzen haben.
Ganz gleich, wo diese Zeitgenossen auch hinschauen, sie entdecken sofort all die Dinge, die nichts taugen. Und selbst wenn sie auf eine Sache stoßen, die 100% in Ordnung ist, wird eine gehörige Portion Misstrauen diese Menschen davor bewahren, sich "voreilig" über irgendetwas zu erfreuen.

Andere wiederum haben eine besondere Vorliebe für Selbstmitleid. Sie sind ständig auf der Jagd nach geeigneten Zuhörern. Wenn man ihnen Glauben schenkt, sind sie wirklich bemitleidenswert.
Sie werden nahezu von jedem betrogen, hintergangen und ausgetrickst. Niemand verhält sich ihnen gegenüber so, wie es angemessen wäre.
Sie haben immer etwas vorzutragen, was ihren Mitmenschen wenigstens ein Quentchen Mitleid aus den Rippen kitzeln soll. Selbstmitleid ist ihr täglich Brot.

Oder die Hoffnungslosen, das sind Menschen, die ohne Chancen geboren werden und ohne Chancen aufwachsen, bei ihnen funktioniert nichts. Sie wissen, dass bei anderen alles Mögliche funktioniert

nur bei ihnen selbst funktioniert absolut nichts, ganz gleich, wie sehr sie sich auch bemühen.
Zum Glück brauchen diese Menschen sich nicht mehr gar so sehr anzustrengen, da sie ja eh schon alles ausprobiert haben.

Interessant sind auch die Wiederholungsspezialisten. Menschen, die sich auf ganz bestimmte Lebensbereiche spezialisiert haben, um dort ihre Erfahrungen immer wieder zu wiederholen. Zum Beispiel Frauen, die immer wieder an die gleiche Art Männer geraten oder umgekehrt.
Unternehmer, die eine bestimmte „magische Umsatzschwelle“ nicht überschreiten oder ganz einfach Menschen, die nie auf den berühmten „grünen Zweig“ kommen.
Die Spezialisten sind so vielfälltig in ihrer Art und Zahl, dass man sie nicht alle aufzählen kann.
Wir werden im weiteren Verlauf noch auf diese Menschen zu sprechen kommen.

Zum Abschluss möchte ich hier noch die Spätleber erwähnen.
Damit ist nicht das Organ, die Leber gemeint, sondern Menschen, die sich das Leben für später aufheben. Dies ist eine Sache, die wir als Kinder alle mehr oder weniger intensiv praktiziert haben, im “wenn ich erst mal groß bin Alter“.
Man geht noch zur Schule und sagt: wenn ich erst mit der Schule fertig bin, dann...
Später in der Ausbildung: wenn ich erst meine Ausbildung abgeschlossen habe, dann....

Noch etwas später: wenn ich erst meine Rente durch habe, dann....
Diese Menschen heben sich das Leben immer für später auf, viele sterben schließlich irgendwann, ohne einen Tag gelebt zu haben.

Wir könnten dieses Thema nun noch etwas ausweiten, z. B. auf Vorsorge und Versicherungen, auf Mode und Status und schließlich ganz generell, auf das Thema, wie man zu leben hat und wie nicht.

Haben Sie schon einmal für sich selbst errechnet, wie teuer Ihr „normales Leben" ist und welche Gegenleistung Sie tatsächlich dafür erhalten?

Wenn Sie so weiterleben wollen wie bisher, tun Sie es lieber nicht, Sie würden sich am Ende nur ärgern, dass Sie dieses verrückte Buch gekauft haben.
Anders, wenn Sie schon immer so eine Ahnung hatten, dass da irgendwas faul ist, dann vergeuden Sie keine wertvolle Zeit und rechnen Sie.
Das Ergebnis ist in den meisten Fällen ein heilsamer Schock.
Als ich vor über fünf Jahren mit meiner Lebensgefährtin unsere diesbezügliche Abrechnung machte, waren wir so schockiert, dass wir sofort anfingen alle Zelte abzubrechen.
Wir kündigten alle Versicherungen, verkauften unseren Hausrat bei Ebay, damals war Ebay noch richtig gut....lach, und buchten den günstigsten Flug nach Südamerika, nach Equador.

Ein halbes Jahr lang tingelten wir als Obdachlose aber vogelfrei durch ganz Südamerika und planten ein neues, besseres Leben.
Unser Endziel war Venezuela.
Vielleicht denken Sie jetzt, „mit dem nötigen Bargeld im Rücken würde ich so etwas auch sofort tun“.
Sollten das Ihre Gedanken sein, dann nennen Sie jetzt eine Zahl.
Wie hoch müsste der Betrag sein?

Wir hatten ein durchschnittliches deutsches Jahreseinkommen, hätten es aber auch mit 1000 Euro getan, ob Sie es nun glauben oder nicht.

Wie ist es möglich?

Wie ist es möglich, dass so wunderbare Wesen wie wir Menschen, sich plötzlich in Zombis verwandeln?
Was steckt dahinter?
Dunkle Mächte, eine Laune der Natur oder gar beides?
Keine Angst, ich will Ihnen keine neue Verschwörungstheorie aufs Auge drücken, im Gegenteil, Sie werden staunen, wie einfach sich manche Dinge erklären lassen und welchen Spass es bereitet, wieder zwischen den Schicksalsgöttern Platz zu nehmen und sein eigenes Leben zu leben.

Doch zunächst sollten wir ein paar grundsätzliche Dinge klären.

Wir Menschen neigen dazu, alles im Leben zu beurteilen und Regeln aufzustellen. Diese Regeln sind in vielen Fällen jedoch nicht mehr, als Meinungen und die gibt es an jeder Straßenecke gratis.
Für bestimmte Teilbereiche des Lebens sind diese Regeln jedoch durchaus sinnvoll und überlebenswichtig, womit wir auch schon beim Thema sind. Überleben!
Alle biologischen Systeme sind mit einem Grundprogramm ausgestattet, das da heißt: Überleben.
Alle Berechnungen, die wir bewusst und unbewusst durchführen und alle (Über) Lebensstrategien die wir daraus ableiten, sind auf dieses Grundprogramm zurück zu führen.
Aber dies ist nur ein Teil der Wahrheit, nur eine Seite der Medaille.
Wir sind etwas mehr als nur ein "biologisches System", wir sind auch gleichzeitig "freier Geist," mit Bewusstsein ausgestattete Energie.
Und gerade diese Tatsache macht unser Leben so kompliziert und spannend.

Woher ich das alles weiß?
Ein guter Freund hat es mir kürzlich erzählt.

Spaß beiseite, es ist eine Tatsache, von der Sie sich selbst überzeugen können und auch sollten. Weder die Idee vom Überlebensprogramm biologischer Systeme, noch die Idee vom freien Geist ist neu, es gibt viele Anhänger der einen, als auch der anderen Theorie.

Ich möchte Sie mit diesem Buch dazu anstiften, mal etwas neues zu probieren und beide Theorien unter einem Hut zu bringen.

Warum Sie so etwas überhaupt tun sollten?

Nun, wenn Sie sich darauf einlassen, wird das Ihr Leben grundlegend ändern.
Sie werden ein glückliches und aufregendes Leben führen, Sie werden Ihr eigenes Leben leben.
Und wenn Sie es richtig gut machen, erfüllen Sie sich all das, wovon Sie bisher immer nur geträumt haben.
Na, ist das kein Grund, es mal zu versuchen?

Schauen wir uns zunächst einmal unseren Biocomputer an, unser vom Überlebenswunsch besessenes biologisches System.

Der Einfachheit halber und weil es die ideale Situation für ein wenig Schleichwerbung ist, füge ich nun Auszüge aus unserem Schulungsmaterial für Hypnosetherapeuten und Mentaltrainer ein.
So erspar ich mir ne Menge Schreiberei und Zeit. Sie müssen wissen, wir haben hier den längsten Sandstrand der Welt, es ist Sommer und ich gehe lieber an diesem schönen Strand spazieren als unnötig lange am PC zu hocken. Das verstehen Sie doch sicher - oder?

Also, am Anfang ist das Chaos. Unsere 5 Sinne, sehen, hören, fühlen, schmecken und riechen, konfrontieren uns mit einem fortlaufenden Informations-

strom über die Welt. Diese Informationen werden von unserem Nervensystem verarbeitet, um uns in der Welt zurechtzufinden und auf die Welt um uns einzuwirken. In erster Linie geschieht dies, um unser Überleben zu sichern.
Um von der Masse, der auf uns einströmenden Sinnesreize nicht überlastet zu werden, durchlaufen diese Informationen verschiedene Filter, d.h., es werden eine Menge Daten einfach getilgt.

Das unsere objektive Welt, so wie sie uns erscheint, bei weitem nicht so objektiv ist, wie wir glauben, beweist allein die Tatsache, dass wir aufgrund unseres Nervensystems nur einen Bruchteil von dem wahrnehmen was tatsächlich existiert, der größte Teil von Informationen wird getilgt, durch unseren sogenannten neurologischen Filter.

Lassen Sie sich um Gottes Willen nun nicht durch solche Begriffe abschrecken, ich werde mich bemühen, sie in Grenzen zu halten.
Und wenn Sie zu den Menschen gehören, die Bücher einfach in den Mülleimer werfen sobald da irgendwelche exotischen Worte erscheinen, kann ich Sie nur auffordern durchzuhalten. Es lohnt sich diesmal wirklich!

Nachdem nun der größte Teil an Daten von unserem Nervensystem getilgt wurde, durchäuft der verbleibende Rest weitere Filter.
Einen dieser weiteren Filter nennt man den sozialkulturellen Filter.

Und schliesslich gibt es dann noch den individuellen Filter.
Aus dem kümmerlichen Rest, der übrig bleibt, basteln wir uns unser persönliches Modell der Welt.
Als Modell der Welt können Sie sich so etwas wie eine innere Landkarte vorstellen, nur viel ausgeschmückter.
Wenn ich Ihnen zum Beispiel erzähle, dass ich in Brasilien lebe, haben Sie eine ganz bestimmte Vorstellung von solch einem (angenehmen) Leben.
Das ist Ihr persönliches Modell der Welt vom Leben in Brasilien.
Ob das Leben in Brasilien nun wirklich so ist oder nicht, spielt dabei keine Rolle.
Unsere Sprache jedoch spielt bei diesem Geschehen eine außerordentlich wichtige Rolle.
Im Folgenden wollen wir die verschiedenen Filter in Augenschein nehemen.

- **Neurologischer Filter** – bedingt durch unser Nervensystem können wir nur ein bestimmtes Spektrum vorhandener Phänomene wahrnehmen. Schallwellen, zum Beispiel nur im Bereich zwischen 20 und 20000 Schwingungen in der Sekunde. Das menschliche Auge kann nur Wellenformen zwischen 380 und 680 Nanometer erkennen usw... Ähnlichen Einschränkungen unterliegen wir beim fühlen, schmecken und riechen. Zur Wahrnehmung von Phänomene wie Radiowellen, Röntgenstrahlen, usw. fehlen uns entsprechende Sinnessysteme gänzlich.

Das, was noch verbleibt, durchläuft nochmals den sogenannten kulturellen und sozialen Filter.

- **Der sozial/kulturelle Filter -** um ein optimales Überleben auf der Erde zu gewährleisten, hat sich beim Menschen in grauer Vorzeit die Sprache entwickelt. Die Sprache ermöglicht es bestimmten Erfahrungen einen Namen zu geben, die Dinge zu benennen. Weiterhin ermöglicht uns die Sprache von den Erkenntnissen und Erfahrungen anderer Menschen zu profitieren. Der Nachteil der Sprache ist darin zu sehen, dass wir automatisch auch Opfer aller Beschränkungen werden, die die jeweilige Sprache uns auferlegt. Je nachdem in welcher sozialen Umgebung, in welcher Kultur wir aufwachsen, unterliegen wir bestimmten Wahrnehmungsbeschränkungen, als auch Wahrnehmungserweiterungen. Aufgrund der anatomischen Beschaffenheit unseres Nervensystems, sind wir zum Beispiel in der Lage weit über 7000 Farbunterscheidungen zu treffen. In Kalifornien soll es eine Indianersprache (Maidu) geben, in der es nur 3 Farbbezeichnungen gibt. Menschen, die nur diese Sprache sprechen, unterscheiden daher nur zwischen 3 Farben. Dies macht deutlich, dass die Sprache einer der wichtigsten Bausteine unseres Lebens darstellt. Eskimos zum Beispiel haben für das Naturphänomen Schnee weitaus mehr Wörter, als wir in unserem Sprachraum. Diese Tatsache befähigt sie, Schnee auf viel differenziertere Art wahrzunehmen.

Schliesslich durchlaufen die verbleibenden Informationen noch unseren individuellen Filter.

- **Individueller Filter** – dieser Filter beruht auf unserer persönlichen Geschichte. Mit dem Erwerb der Sprache lernen wir gleichzeitig, die auf uns einströmenden Informationen zu interpretieren. Das heißt, wir erschaffen unser eigenes Modell der Welt. Genau genommen leben wir alle in unserer ganz speziellen subjektiven Realität und objektive Realität entsteht nur vorübergehend in dem Moment, da wir mit anderen Menschen interagieren und uns auf etwas scheinbar objektives einigen. Jeder Mensch nimmt entsprechend seiner persönlichen Geschichte die Welt anders wahr und gestaltet dementsprechend sein persönliches Modell von der Welt. Dies kann zu Freude, Wachstum und Erfüllung führen, aber auch zu Kummer, Hilflosigkeit und Leid.

In diesem Prozess wiederum spielen 3 verschiedene Mechanismen eine wichtige Rolle.

- **Tilgung** – Das Phänomen, Informationen einfach auszublenden, zu tilgen, ist für die Lebensbewältigung wichtig und nützlich. Wenn Sie sich bei dem, was Sie gerade tun auf das wesentliche konzentrieren und alle störenden Reize, wie zum Beispiel die ständige Nörgelei Ihres Lebenspartners ausblenden, ist die Fähigkeit zur Tilgung etwas sehr nützliches. Sollten Sie jedoch bei einem speziellen Problem oder bei einer Aufgabe, offensichtliche Lösungsmöglichkeiten aufgrund von persönlichen Vorurteilen, nicht wahrnehmen, sind Sie Opfer einer Tilgung als auch Generalisierung. Der Tilgungsmechanismus schützt uns vor der Flut der einströmenden Informationen und lässt nur vermeintlich wichtige Informationen passieren.

- **Generalisierung** - ist die Fähigkeit, Erfahrungen einer bestimmten Situation auf ähnliche Situationen anzuwenden. Wenn Sie zum Beispiel gelernt haben einen Wasserhahn zu bedienen, werden Sie alle Wasserhähne der gleichen oder ähnlichen Bauart auch betätigen können. Generalisieren ist eine sehr wertvolle Fähigkeit, die uns u.a. davor bewahrt, viele Dinge im Leben immer wieder von neuem erlernen zu müssen. Allerdings falsch eingesetztes generalisieren kann zu Angst, Vorurteilen und Leid führen. Wenn Sie einmal von einem Hund gebissen wurden und fortan glauben alle Hunde seien bösartige Bestien, führt diese Generalisierung zu Angst und Vorurteilen.

- **Verzerrung** – ist ein Prozess, mit dem wir unsere Erfahrungen umgestalten. Auch hier gibt es wieder Vor- und Nachteile. Wenn Sie beim Mentaltraining Erfolgserlebnisse visualisieren, ist dies eine nützliche Form der Verzerrung. Wenn Sie allerdings Ihr Scheitern in einer bestimmten Situation vor Ihrem inneren Auge ablaufen lassen, ist dies eine negative Form der Verzerrung.

Mit diesen Prozessen, Tilgung, Generalisierung und Verzerrung erschaffen und erhalten wir unser Modell von der Welt, mit all seinen Glaubensmustern und Werten.
Entsprechend wie reichhaltig oder arm dieses Modell ist, erleben wir unsere Realität.

Zum besseren Verständnis:
Erfährt ein Mensch in einer prägenden Situation eine Ablehnung, besteht die Möglichkeit, dass er diese Erfahrung generalisiert und zu dem Schluss kommt: „Niemand mag mich, ich bin nichts Wert“. Dies nennt man dann Glaubensmuster.

Um sein Modell der Welt zu schützen und zu erhalten, wird er später alle Bekundungen der Zuneigung und Wertschätzungen ihm gegenüber tilgen, indem er sie einfach nicht wahrnimmt oder er verzerrt sie, indem er sie als unwahr ablehnt.

Sicherlich kennen Sie auch Menschen, die in bestimmten Situationen nur das hören, sehen und fühlen, was sie hören, sehen und fühlen möchten.
Diese Prozesse laufen weitgehend unbewusst ab, und man kann sie bei sich selbst nur schwer identifizieren.

Glauben Sie nun bloß nicht, das sei nur bei anderen Menschen so, nach diesen Mechanismen leben wir alle, Sie und ich auch.
Aber wir beide haben nun einen großen Vorteil, wir wissen wie es funktioniert und können dieses Wissen praktisch anwenden. Ich nutze dieses Wissen jeden Tag und mir geht es ausgesprochen gut.

Und Sie? Wie geht es Ihnen?

Nun überlegen Sie einmal. Als Sie geboren wurden, waren Sie ein (fast) unbeschriebenes Blatt, dann hat man Ihnen eingetrichtert, wie Sie die Welt wahrnehmen müssen, was gut und böse ist, woran Sie glauben müssen, wie sie ihr Leben zu leben haben und und und....
Finden Sie das fair?
Ich auch nicht, man verlangt von Ihnen, dass Sie sich an Verträge halten, an denen Sie nie mitgewirkt und die Sie nie unterschrieben haben.

Aber bleiben wir noch eine Weile bei unserem Modell der Welt.
Die Modellbildungsprozesse sind weder gut noch schlecht, sondern das, wozu wir sie machen. Wenn

Sie zu bequem und unaufmerksam vor sich hinleben, kann es schnell zu einer Modellverarmung kommen. Das passiert vorwiegend Menschen, die immer nur ihren gewohnten Trott leben. Menschen bei denen alles seinen vorbestimmten Ablauf haben muss. Sie kennen ganz bestimmt auch solche Typen, wenn man sie besucht, weiss man schon auf dem Weg zu ihnen, was sie alles sagen werden. Sie wiederholen sich immerfort.

Arme oder reiche Welt?

Unter dem Begriff Modellverarmungen fasst man in groben Zügen verschiedene Ursachen von Verarmungen zusammen. Wie Sie bereits wissen, unterliegt der Modellbildungsprozess der Generalisierung, Tilgung und Verzerrung.

Diese drei Universalien menschlicher Modellbildung zeigen sich in der verbalen Repräsentation des Modells. Das heißt, in der Art, wie Sie sich über ein Thema äußern, können Sie evtl. Modellverarmungen erkennen.

Modellverarmungen schränken Ihre Wahlmöglichkeiten und Lebensqualität drastisch ein und behindern Sie bei der Erreichung Ihrer Ziele.
Im Folgenden einige Beispiele von Äußerungen, die Sie so oder ähnlich bestimmt schon gehört haben.

Äußerung:

„Ich kann nicht. Ich fürchte mich. Ich bin unfähig. Ich ärgere mich."

In allen Äußerungen wurden Informationen getilgt, die man erfragen kann und erfragen sollte:

Was genau kann ich nicht?
Wovor fürchte ich mich?
Wozu bin ich nicht fähig?
Worüber ärgere ich mich?
Usw...

Entscheidung oder entscheiden?

Äußerung:
„Meine Angst lähmt mich. Meine Verwirrung ist riesengroß. Ich bedauere meine Entscheidung."

Diese Aussagen zeichnen sich durch sogenannte Nominalisierungen aus. Durch die Nominalisierung wird ein Prozeß in ein Ereignis umgewandelt. (Verzerrung). Ereignisse sind unabänderlich während Prozesse dynamisch sind. (Angst = ängstigen, Verwirrung = verwirrt sein, Entscheidung = entscheiden)

Darüber hinaus wurden auch hier wieder Informationen getilgt. Durch entsprechende Fragestellung verwandelt man das Ereignis wieder in einen Prozeß, und versucht die fehlende Information zu gewinnen.
Wovor ängstige ich mich?

Worüber bin ich verwirrt?
Kann ich mich jetzt anders entscheiden?
Usw...

Man darf niemanden vertrauen denn alle Menschen sind schlecht

Äußerung:
„Man darf niemandem vertrauen.“

Auch hier wieder eine besondere Form der Tilgung und Generalisierung.
Alle Äusserungen, die auf bestimmte Regeln und Forderungen in Ihrem Modell hinweisen, sollten Sie hinterfragen. Zum Beispiel:

Warum darf man niemanden vertrauen?
Wem darf ich nicht vertrauen?
Was würde passieren, wenn ich doch jemanden vertraue?

Eventuell müssen auch die jeweiligen Antworten hinterfragt werden, solange bis alle Fakten klar ersichtlich sind.

Nun werden Sie ab und zu auf einen Geheimtipp stoßen. Es handelt sich um offene Geheimnisse die man jedem erzählen kann und die trotz allem geheim bleiben. Wie so etwas möglich ist?

Ganz einfach nur besonders intelligente Menschen erkennen die Geheimnisse die sich dahinter verbergen und wissen sie zu gebrauchen.

Geheim-Tipp Nr. 1

Achten Sie auf Ihre eigenen Äusserungen, Argumente und hinterfragen Sie diese. Dies wird nicht nur dazu führen, dass Sie flexibeler in Ihrem Gesamtverhalten werden, es wird Ihnen auch eine Menge neuer Möglichkeiten erschließen.
Eine Bewußtseinserweiterung ganz besonderer Art.
Hinterfragen Sie auch die Äußerungen und Argumentationen Ihrer Mitarbeiter, Freunde und Partner. Viele Mißverständnisse, Hemmungen und Blokkaden lassen sich so aus dem Weg räumen.

Die Magie der optimalen Sichtweise

Je nachdem wie Sie eine Sache oder Situation interpretieren, kann für Sie ein Glas Wasser schon halbleer sein oder noch halbvoll sein. Die Art, wie Sie so etwas interpretieren, kann Sie hemmen oder anspornen, kann Ihnen Energie rauben oder Energie zuführen.
Allein die Wahl der Worte spielt eine große Rolle. Denken Sie an eine schwierige Aufgabe, die Ihnen demnächst bevorsteht, und dann sagen Sie in resignierendem Tonfall:
„Das ist ein Riesenproblem".
Wie fühlen Sie sich dabei?
Und nun denken Sie an dieselbe Aufgabe und sagen in begeistertem Tonfall:
„Das ist eine große Herausforderung".
Wie fühlen Sie sich bei dieser Interpretation?

So wie Ihr Modell der Welt Ihre verbalen Äußerungen beeinflußt, können Sie durch Ihre verbalen Äußerungen auf Ihr Modell der Welt einwirken. Bleiben wir noch ein wenig bei der Sprache.

Zauberkraft der Worte

Sie haben einen aktiven und einen passiven Wortschatz. Ihr aktiver Wortschatz umfaßt alle Wörter, die Sie ständig gebrauchen. Ihr passiver Wortschatz umfaßt alle Wörter, deren Bedeutung Sie zwar kennen, aber kaum benutzen. In der Regel benutzt ein Mensch nur einen Bruchteil seines passiven Wortschatzes.

Dies führt dazu, dass seine Interpretationen sich ebenfalls auf einen Bruchteil des Möglichen beschränken mit dem Ergebnis, dass das Leben auf Sparflamme gelebt wird. Eintönig, fad und leer.

Geheim-Tipp Nr.2

Erweitern Sie kontinuierlich Ihren aktiven Wortschatz und Ihr Leben wird um ein vielfaches lebendiger. Wenn Sie demnächst gefragt werden wie es Ihnen geht, dann antworten Sie nicht mit dem Üblichen: „Na ja, es geht so“, sondern lassen Sie sich jedesmal etwas neues einfallen. Zum Beispiel: „Hervorragend, supergut, etc..“

Die Welt

Neurologischer Filter

Tilgung

Verzerrung

Generalisierung

Sozial Kultureller Filter

Sprache
Persönliche Geschichte
☺ Aktiver Wortschatz

Individueller Filter

Innerer Dialog

Modellverarmung

Modell der Welt

Was Gedanken wirklich sind

Die Fähigkeit zu denken ist eine der genialsten aber auch gefährlichsten Entwicklungen des Menschen.
Haben Sie schon mal darüber nachgedacht, was Denken ist, oder was Gedanken sind?
Dies ist kein einfaches Thema, weil wir gewohnheitsmäßig denken und uns mit unseren Gedanken identifizieren. Im Grunde genommen sind unsere Gedanken Erinnerungen, die wir zueinander in Beziehung setzen.
Man könnte auch sagen, der Mensch ist eine Aneinanderreihung von Erinnerungen.
Als Sie sprechen lernten, haben Sie Ihre ersten Worte mit bestimmten Erfahrungen verknüpft und so ging das Ihr Leben lang weiter. Im Laufe der Zeit haben Sie sich eine beachtliche Sammlung von Worten, Erinnerungen und Gefühlen angelegt.

Welche Fakten gestalten unsere Art zu denken?

- Alle bisherigen Erfahrungen.
- Erziehung.
- Programmierungen.
- Unser aktiver Wortschatz.

Im Grunde genommen schließt der erste Punkt dieser Aufzählung alle weiteren Punkte mit ein. Ich hab sie hier nur nochmal hervorgehoben um ihre Wichtigkeit zu unterstreichen.

Mit dem Erlernen unserer Sprache, haben wir gleichzeitig gelernt, die verschiedenen Reize oder

Informationen zu etikettieren, einzuordnen und individuell auf sie zu reagieren.

Jedes Wort, das wir benutzen, hat nicht nur seine bestimmte Bedeutung, sondern ist auch mit ganz bestimmten Gefühlen behaftet.

Beispiel:
Was empfinden Sie, wenn Sie jetzt folgende Worte lesen:
einsam, enttäuscht und traurig?
Und was empfinden Sie, wenn Sie jetzt diese Worte lesen:
glücklich und voller Lebensfreude?

Sie sehen bzw. fühlen, unterschiedliche Worte lösen ganz unterschiedliche Gefühle in Ihnen aus. Es sind hauptsächlich Erinnerungen, die den Worten anhaften.

Geheim-Tipp Nr. 3

Vermeiden Sie Klatsch und negative Unterhaltungen. Lenken Sie solche Unterhaltungen sofort zu positiven Themen.
Als wir unsere Sprache lernten, etikettierten wir auch gleichzeitig unsere Worte. Da wir anfangs nur über ein bescheidenes Maß an Worten verfügten, mußten diese für verschiedene Gefühle, Situationen etc. genügen.

Im Laufe der Jahre kamen dann immer mehr Worte hinzu, und wir wurden etwas präziser, haben aber zu 99% nie den optimalen Zustand erreicht.

Als Kleinkind war ein Hund für uns der Wau-wau, jeder Hund war ein Wau-wau. Später benutzten wir das Wort Hund. Für die meisten von uns ist dies der Endzustand.
Wer sich aber mehr für Hunde interessiert, der nennt den Hund beim Namen. Für ihn ist Hund nur noch ein Oberbegriff, und er erkennt in den verschiedenen Hunden den Dackel, den Schäferhund usw.!
Wenn ein solcher Hundeliebhaber das Wort Schäferhund hört, wird er genau solch ein Tier vor seinem inneren Auge haben.
Alle Vor- und Nachteile, die er von einem Schäferhund gespeichert hat, sind dann sofort präsent.

Dasselbe spielt sich ab mit unseren Begriffen von Gefühlen. Hören wir ein negatives Wort, fühlen wir uns auch so oder ähnlich, wie wir uns gefühlt haben, als wir diesem Wort seine Bedeutung gaben. Und da wir von Natur aus träge sind, haben wir es versäumt, für jedes Gefühl auch das entsprechende Wort zu finden.

Je weniger Worte wir aktiv benutzen, um so einfältiger arbeitet auch unser Gedankenapparat,und um so eintöniger und leerer ist unser Leben.

Sicherlich kennen Sie auch Menschen, die über einen überdurchschnittlichen aktiven Wortschatz verfügen. In deren Gegenwart fühlt man sich einfach wohl. Wenn solche Menschen erzählen, erzeugen sie ein lebhaftes inneres Mit-Erleben in uns, und je nachdem, wovon sie sprechen, fühlen wir uns entsprechend.

Geheim-Tipp Nr. 4

Analysieren Sie Ihren aktiven Wortschatz!

Besteht dieser überwiegend aus positiven oder negativen Worten?
Wie präzise sind Ihre Zustandsbeschreibungen (wie Sie sich fühlen)?
Wenn ein Mensch sagt: „mir geht es schlecht", was meint er dann damit?
Damit kann von Angst (eigentlich wollte ich Afterjucken schreiben aber ein bisschen Stil muß sein), bis zu Zahnschmerzen alles gemeint sein. Wenn Sie sagen **schlecht,** dann öffnen Sie Ihr Nervensystem für alles was Sie unter dem kleinen Wörtchen schlecht gespeichert haben. Und das kann mitunter eine ganze Menge sein.

Gibt es Worte, auf die Sie besser verzichten sollten? Wenn etwas nicht so ist wie Sie es gerne hätten, müssen Sie es doch nicht ständig aufs Neue heraufbeschwören und die Hirne Ihrer lieben Mitmenschen beschmutzen.
Am Ende will niemand mehr etwas mit Ihnen zu tun haben. Wenn Sie Blähungen haben und sich in

Gesellschaft befinden suchen Sie ja auch nach einer angemessenen Lösung – oder?

Wir Menschen neigen dazu, zu generalisieren, das ist völlig normal. Aber es gibt Menschen, die übertreiben. Haben sie in einer Sachc cinc negative Erfahrung gemacht, fällen sie sofort ein Pauschalurteil.
Stellen Sie sich mal vor alle kleinen Kinder würden so reagieren. Dann würde die gesamte Menschheit am Boden umherkrabbeln statt aufrecht zu gehen. Das hätte natürlich auch was, da geb ich Ihnen Recht.

Es gibt Personen die überwiegend zur negativen sprachlichen Übertreibung neigen und sich dann wundern, wenn Sie sich durchgängig schlecht fühlen. Ich glaube wir brauchen nicht länger auf diesem Thema herum zu reiten, Sie wissen worauf es ankommt.

Erarbeiten Sie sich ganz gezielt einen Positiven, aktiven Wortschatz!

Es ist ein Unterschied, ob Sie von einem **Problem,** einer **Situation** oder einer **Herausforderung** sprechen, ob Sie eine **Lösung suchen müssen** oder eine **Lösung finden werden!**
Gewöhnen Sie sich an, die Dinge immer beim rechten Namen zu nennen.

Es spielt sich alles in Ihrem Kopf ab!

Durch den richtigen Gebrauch Ihrer Worte, können Sie Ihre Gefühle (und die Gefühle Ihrer Mitmenschen) positiv gestalten.

Richten Sie Ihre Aufmerksamkeit
auf die kleinen, aber feinen Unterschiede!

Aus „das kann ich nicht." wird „das kann ich noch nicht."
Aus „das ist unmöglich." wird „das verlangt besonders viel Geschick."

Aus „es ist aussichtslos." wird „wir werden eine Lösung finden."
Aus „was möchten Sie?" wird „was kann ich für Sic tun?"

Aus „Er ist dumm." wird „Er ist am Lernen."

Aus „Ich bin deprimiert."wird „Ich bin etwas ruhiger heute."

Aus „Ich fühle mich überfordert" wird „das ist eine besondere Herausforderung."

Aus „Ich bin krank." wird „Ich bin noch nicht in Höchstform."

Aus „Ich bin zornig, wütend." wird „Ich bin leidenschaftlich."

Aus „Ich bin mit meiner Weisheit am Ende.“ wird „Jetzt finde ich neue Möglichkeiten.“

Aus „Ich habe Angst.“ wird „Ich finde es sehr spannend.“
Aus „Ich fühle mich müde und leer.“ wird „Ich tanke jetzt erst mal ordentlich auf.“

Aus „Ich bin enttäuscht.“ wird „Ich sehe die Sache jetzt klarer.
Das dürfte genügen, um Ihnen zu zeigen, worum es geht.
Es ist wie mit dem berühmten Wasserglas. Die einen sagen:
„Es ist schon halb leer!“, die anderen: „Es ist noch halb voll.“

Durch einen positiven aktiven Wortschatz programmieren Sie Ihr Gehirn positiv!

Wo Sie früher nur Schwierigkeiten sahen, sehen Sie plötzlich **Möglichkeiten.**
Wo Sie sich früher hilflos und gelähmt fühlten, fühlen Sie sich **herausgefordert und aktiviert.**

Die Worte, die Sie ständig benutzen, bestimmen Ihre Art zu denken!

Korrigieren Sie jetzt Ihren aktiven Wortschatz!
Selbstverständlich können Sie nicht von heute auf morgen eine neue Sprache sprechen, aber wenn Sie kontinuierlich etwas tun und daran arbeiten, sind Sie schon in wenigen Wochen ein neuer Mensch.

Verlassen Sie den Pfad der abgedroschenen, negativen Worte!
Entrümpeln Sie Ihr Vokabular.
Finden Sie immer bessere Alternativen.
Wie lautet normalerweise Ihre Anwort wenn Sie gefragt werden wie es Ihnen geht?

Na ja, es geht so. Oder
hervorragend, phantastisch!
Man schlägt sich so durch. Oder
ausgesprochen gut.
Es könnte besser gehen. Oder
super!
So lala. Oder
ich bin in absoluter Höchststimmung

Geheim-Tipp Nr. 5
Antworten Sie ab sofort nur noch übertrieben positiv,
Sie heben damit Ihre Stimmung und die Ihrer Mitmenschen!
Damit belügt man nur sich selbst?
Nein!
Damit schafft man sich neue Realitäten – positive Realitäten!

Halten Sie immer Ausschau nach einer optimaleren Ausdrucksweise.
Transformieren Sie jedes negative Wort in ein positives Wort.

Arbeiten Sie nach dem Motto:
Alles Negative ins Positive transformieren. Ist dies nicht möglich, schwächen Sie zumindest die negative Wirkung.

Alles Positive extrem verstärken!

**Mit diesem Wissen verfügen Sie bereits über weitaus wirksamere Werkzeuge, als mancher Diplom-Psychologe und das Gute daran, Sie dürfen es glauben und können es anwenden, während die Schulpsychologen es ungeachtet der Wirksamkeit anzweifeln müssen, bis es irgendwann einmal wissenschaftlich bewiesen ist.
Die Armen!**

Glauben Sie nun bitte nicht, dass ich etwas gegen Schulpsychologen habe, ganz im Gegenteil ich mag diese Menschen. Nur das System an dem sie so heftig kleben, mit diesem werde ich mich wohl nie anfreunden. Es kommt mir immer so vor als wolle ein Blinder einem anderen Blinden das Sehen beibringen. Und oft frage ich mich, was die wohl treiben wenn sie monate oder gar jahrelang ein und denselben Menschen therapieren.

Ihre persönliche Geschichte

Manche Menschen scheinen von Natur aus zum Erfolg geboren – immer aktiv, optimistisch, voller Tatendrang.
Andere wiederum, scheinen die geborenen Versager zu sein – immer negativ, vom Pech und Unglück verfolgt.

Wenn Sie den Lebenslauf, vor allem die Kindheit solcher unterschiedlichen Menschen analysieren, erkennen Sie sehr schnell, dass es sich hier nicht um eine Laune der Natur handelt.

Alle Menschen sammeln von Anfang an Informationen / Erfahrungen!

Ich sage bewußt sammeln, denn alle Erfahrungen sind im Menschen noch vorhanden und steuern aus dem Unterbewußtsein das Verhalten.
Diese Erfahrungen können unterschiedliche Aktivitäten entwickeln. Von völliger Passivität bis hin zur Hyperaktivität.
Sie können uns gesund und glücklich machen, aber auch deprimieren und zerstören.
Sie können jahrzehntelang brach liegen und von einer Sekunde zur anderen aktiviert werden.

Sagt man einem Kind von klein auf immer wieder, dass es nichts taugt, es nie zu etwas bringen wird usw..., dann ist die Wahrscheinlichkeit sehr groß, dass ein entsprechendes Verhalten programmiert wird.

Wenn diese negativen Prognosen später durch eigene Erfahrung bestätigt werden, haben wir den perfekten Versager.

Gerade Kinder sind für Suggestionen sehr empfänglich, und wenn ein Kind täglich hört, wie unfähig es ist, entwickelt es sehr schnell ein entsprechendes inneres Erleben. Es glaubt dann an seinen Mißerfolg und erlebt ihn auch.

Wie war das denn in Ihrer Kindheit?

Gibt es bestimmte Redewendungen, die man Ihnen eingetrichtert hat?
Notieren Sie doch einmal was Ihnen so spontan dazu alles einfällt.

Alle gutgemeinten Ratschläge, einschüchternden Prognosen, Drohungen usw.!

Auch durch Beobachten und Nachahmen Ihrer Bezugspersonen haben Sie viele Verhaltensmuster entwickelt (modelliert).
Im NLP spricht man von Metaprogrammen, das sind die in unserem Unterbewußtsein installierten Befehle dafür, wie wir Informationen verarbeiten und reagieren müssen.

Übrigens **NLP** ist die Abkürzung für **N**euro **L**inguistisches **P**rogrammieren, was in etwa ausdrücken soll, dass wir mit unserer Sprache das Nervensystem beeinflussen.

NLP wurde von zwei genialen Amerikanern 1972 aus der Wiege gehoben, von Richard Bandler und John Grinder. Wenn Sie mal nicht mehr wissen, was Sie lesen sollen, lesen Sie die Bücher von Bandler und Grinder.

Ähnlich wie ein Computerprogramm dem Computer vorschreibt, wie er mit Eingaben und Informationen zu verfahren hat, tun die Metaprogramme dasselbe mit unserem Gehirn.
Wenn Sie Ihre Metaprogramme (oder die Ihrer Mitmenschen) kennen, sind Sie auch in der Lage, Ihr System (oder das Ihrer Mitmenschen) zu steuern.

Herrscher im Untergrund

Was schreiben die Programme uns vor?

- **Ob wir Situationen suchen - oder meiden.**
- Lassen wir uns zu etwas motivieren, weil uns ein Vorteil lockt, oder weil wir dadurch einem Nachteil entgehen wollen. Was wiegt mehr? Unser Wollen oder unser Nichtwollen?

- **Ob wir von der Meinung anderer abhängen.**
- Brauchen wir ständig den Rat / die Zustimmung anderer, oder steht unser inneres Gefühl über allem ?

- **Ob unsere Aufmerksamkeit in erster Linie auf Gleichheit oder Unterschiedlichkeit aus-gerichtet ist.**

- Sehen Sie drei gleiche Pfeile, sind Sie auf Gleichheit der Form ausgerichtet.
- Legen Sie Wert darauf, zwei nach unten und einen nach oben gerichteten Pfeile zu sehen, sind Sie auf Unterschiedlichkeiten der Richtung ausgerichtet. Darüber hinaus gibt es noch die Möglichkeit, zwar drei gleiche Pfeile zu sehen, aber zwei davon nach unten und einen nach oben gerichtet. Oder zunächst die Unterschiedlichkeit der Richtungen und dann die Gleichheit der Form.

- **Wodurch wir zu überzeugen sind.**

- Damit wir von einer Sache überzeugt sind, müssen bestimmte Voraussetzungen erfüllt sein.
- A. Was muß geschehen ?
- B. Wie oft muß es geschehen ?
- **Ob wir neue Erfahrungen suchen, oder nach Sicherheit streben.**
- Sind wir bereit neue Wege zu gehen, neue Produkte zu kaufen, oder scheuen wir jedes Risiko ?

- **Ob wir Teamgeist haben, oder Einzelgänger sind.**

- Sind wir lieber auf uns allein gestellt, oder fühlen wir uns in einer Gruppe wohler.

- **Ob wir vorwiegend an uns selbst denken, oder auch für andere ein Ohr haben.**
- Wie hoch ist unsere soziale Sensibilität? Haben wir ein Gespür für Bedürfnisse unserer Mitmenschen?

So gibt es für alle Lebensbereiche bestimmte Neigungen, die unsere Entscheidungen bestimmen und somit unser Verhaltensmuster ausmachen.

Wenn wir uns unsere Metaprogramme bewußt machen, sind wir ihnen nicht mehr ausgeliefert und können so Einfluß nehmen auf unsere Verhaltensmuster.

Bestimmte Verhaltensmuster können uns ein Leben lang lähmen, und es ist sehr wichtig, dass Sie solche Muster erkennen und sich von ihnen trennen.

Viele der Muster können Sie selbst bewältigen, für einige werden Sie vielleicht die Hilfe eines Spezialisten in Anspruch nehmen müssen.

Welchen Metaprogrammen folgen Sie?

Metaprogramme können den jeweiligen Bedürfnissen angepaßt werden. Es ist nicht so, dass ein Mensch immer extrem nur einem Metaprogramm folgt. Das Verhaltensmuster eines Menschen setzt sich aus vielen solcher Programmen zusammen, und es kommt immer darauf an, wie stark ein Metaprogramm gereizt wird und in welchem Maße es mit anderen Metaprogrammen harmonisiert. Im großen und ganzen entstehen aber immer typische Verhaltensmuster, die in der Regel voraussagbar sind.

Was Sie jetzt für sich selbst tun können.

Geheim-Tipp Nr. 6

Ermitteln Sie Ihre eigenen Metaprogramme. Sie sind dann in der Lage, sich freier und vernünftiger (zielgerichteter) zu entscheiden.

Situation ⟶ Metaprogramm steuert die Art Ihrer Wahrnehmung, steuert Ihre *Gefühle*, diese führen zu

↓

Entscheidungen & Handlungen

Nun gibt es noch eine weitere wichtige Sache, die bei der Art Ihrer Denkgewohnheiten eine große Rolle spielt.

Die Stimmen im Hintergrund

An das Wertesystem eines Menschen sind sehr starke Gefühle geankert, daher ist es wichtig, sowohl auf Ihre eigenen als auch auf die Werte Ihrer Mitmenschen zu achten.

Unter **„Werte“** versteht man, wie hoch Sie eine Eigenschaft / Situation einstufen. Damit Sie ein Gefühl dafür bekommen, testen Sie sich selbst:

- Notieren Sie 10 Gründe, die dafür verantwortlich sind, dass Sie mit Ihrem Partner / Freund etc. zusammen sind.
- Listen Sie diese Gründe Ihrer Wichtigkeit entsprechend auf.

Ihre persönliche Werte-Hierarchie sollten Sie unbedingt kennen; ebenso die Ihrer Lebensgefährten, Kinder und Mitarbeiter!
Die persönlichen Werte eines Menschen beeinflussen seine Entscheidungen und sein Wohlbefinden!

Geheim-Tipp Nr.7

Ermitteln Sie Schritt für Schritt Ihre eigenen Werte und die Ihrer Mitmenschen!

Das bringt Ihnen zwei große Vorteile:

1. Sie können Ihre Entscheidungen bewußter und somit besser treffen.

2. Sie können das Verhältnis zu Ihren Mitmenschen positiver gestalten, da Sie
   a. Ihre Mitmenschen besser verstehen, und
   b. wissen, was sie motiviert.

Durch diese Werteermittlungen erlangen Sie die Fähigkeit, auch die Werte fremder Menschen (Kunden, neue Geschäftspartner, Klienten etc.) schnell zu erkennen und in Ihre Verhandlungsstrategie mit einzubeziehen.

Mit welchen Fragen Sie die Wertehierarchie ermitteln.

Was ist das Wichtigste
.... in Ihrer Partnerschaft?
.... in Ihrem Beruf?
.... im Leben?
.... beim Autokauf?
.... usw...

Was ist der Grund dafür, dass Sie
.... für uns arbeiten?
.... diesem Hobby nachgehen?
.... bei dieser Firma kaufen?
.... sich für dieses Auto entschieden haben?
.... usw.

Bei Ihren Werteermittlungen sowie bei allen Gesprächen müssen Sie berücksichtigen, dass Menschen ihre Erlebnisse unterschiedlich einordnen.

Frau X wird eine Arbeit vollkommen anderes einordnen als Herrn Y! Was sie als interessant empfindet, wird von ihm evtl. völlig anders wahrgenommen.
Aus diesem Grund müssen Sie immer nachfragen, wenn es darum geht, exakte Informationen zu bekommen.

Beispiele:
„Was muß geschehen, dass für Sie eine Arbeit interessant ist?“,
„Woran erkennen Sie, dass jemand gut arbeitet?“,
„Was muß geschehen, dass Sie Spaß haben?“,
„Woran erkennst Du, dass die Kinder brav sind?“,
„Was sind die Voraussetzungen dafür, dass Du glücklich bist?“
usw.!

Ich weiß, es ist ne Menge Arbeit, aber glauben Sie mir, es lohnt sich. Sie müssen das Buch ja nicht an einem Tag durcharbeiten. Viel wichtiger ist, dass Sie regelmässig Stück für Stück alles, was Sie hier lesen in die Praxis umsetzen. Fassen Sie das Ganze doch als **„mal gucken was passiert Spiel**“ auf.
Und im Übrigen kann ich Ihnen nur sagen, hätten Sie von Anfang an richtig mitgearbeitet und meine Anweisungen befolgt, würden Sie sich jetzt nicht schon wieder so frustriert fühlen. Im Gegenteil, dann

hätten Sie richtig Freude an der Arbeit und könnten es kaum abwarten, was noch alles kommt.
Aber wenn Ihnen das alles zuviel ist, gibt es zwei Möglichkeiten. Fangen Sie nochmal von vorne an oder schenken Sie das Buch Ihrem Nachbarn, der weiß bestimmt besser, wie man es richtig benutzt.

Sorry, aber dieser Hinweis war nur für die gedacht, die nie etwas zu Ende bringen, weil sie immer.....

Nun kommen wir zu unseren treuesten Begleitern, den Glaubensmustern.

Die Illusion der Selbstbestimmung

Wir unterteilen sie in zwei große Kategorien.

- Glaubensmuster, die uns und unseren Zielen nützlich sind, wie zum Beispiel der unerschütterliche Glaube an Erfolg.

Und

- Glaubensmuster, die uns hemmen, einengen, sabotieren und krank machen. Die sogenannten negativen Glaubensmuster.

Glaubensmuster sind das Resultat unserer persönlichen Geschichte.

Negative Glaubensmuster entstehen meist durch Erziehung und / oder traumatische Erlebnisse. Es würde zu weit führen, hier näher auf die Entstehung

sowie auf die Gesetzmässigkeiten von Glaubensmustern einzugehen, jedoch können wir durch diese negativen Glaubensmuster uns selbst zum größten Feind werden – und dies auf allen Ebenen: gesundheitlich, finanziell, beziehungsmäßig, usw.!
Einen Teil Ihrer negativen Glaubensmuster können Sie durch die Anwendungen der hier vorgestellten Techniken lösen oder überschreiben, aber es gibt auch besonders hartnäckige Muster mit einer sehr starken Eigendynamik, die nicht so einfach umzuschreiben sind, zumindest nicht im Alleingang.

Wie erkennen Sie, dass Sie einem Glaubensmuster zum Opfer fallen?

Wenn Sie scheinbar ungewollt, zufällig, ohne Absicht

- ...immer wieder dieselben Situationen heraufbeschwören,
- ...immer wieder dieselben Menschen anziehen,
- ...nie über einen bestimmten Umsatz hinauskommen,
- ...psychisch instabil sind,
- ...trotz körperlicher Unversehrtheit ständig müde sind,
- ...usw...

Negative Glaubensmuster sind Energieräuber!
Trennen Sie sich von negativen Glaubensmustern!

Ein negatives Glaubensmuster ist wie ein Störsender. Es schafft Disharmonie, verfälscht Informationen, sabotiert und beeinflußt Ihre Entscheidungen.

Geheim-Tipp Nr. 8

Eine schnelle Methode zum Ausschalten negativer Glaubensmuster.

Bevor Sie eine der umfangreicheren Methoden, die im Folgenden noch beschrieben werden, anwenden, versuchen Sie diese schnelle Methode.

Formulieren Sie Ihr negatives Glaubensmuster **(z.B. Bei mir funktioniert nie etwas richtig)** und gehen Sie in den Alphazustand. Wie das geht, sag ich Ihnen auf Seite 95.
Machen Sie Ihr Glaubensmuster für Ihr Unterbewußtsein greifbar, indem Sie z.B. eine Videocassette visualisieren, auf der Sie Ihren Glaubenssatz hören können und Ihr entsprechendes Verhalten sehen können.
Lassen Sie die Videocassette bis zum Ende abspielen. Dann spulen Sie sie zurück und lassen Sie sie nochmals ablaufen, allerdings im Schnelldurchlauf, verändern Sie auch den Ton auf eine Art, dass es lächerlich und nicht ernst zu nehmend wirkt.
Experimentieren Sie ein wenig, bis Sie eine Version gefunden haben, die Sie absolut nicht mehr ernst nehmen können.
Dann entnehmen Sie die Cassette und entsorgen sie. Legen Sie nun eine Videocassette mit dem

erwünschten Verhalten ein und hören Sie den entsprechenden Glaubenssatz.

Durch diese Methode binden Sie alle Informationen, aus denen Ihr negatives Muster besteht, an einen einzigen imaginären Gegenstand (z.B. eine Cassette). Mit dem Entfernen dieses Gegenstandes, entfernen Sie gleichzeitig das Glaubensmuster.
In der Regel funktioniert diese Methode ganz gut. Sollten Sie keinen Erfolg damit haben, ist der Arbeitsaufwand etwas größer.

Menschen stehen sich bei der Erfüllung ihrer Wünsche, beim Erreichen ihrer Ziele selbst im Weg, weil hartnäckige negative Glaubensmuster ihre Arbeit sabotieren und es gibt verschiedene Wirkungsbereiche die man differenzieren muss.

Das menschliche Gehirn ist in verschiedene Verarbeitungsebenen organisiert, die in einer Rangfolge angeordnet sind, man nennt sie die logischen Ebenen.

Die Funktion einer jeden Ebene ist es, die Informationen auf der darunterliegenden Ebene zu organisieren. Das heißt, jede Ebene ist umfassender und einflußreicher, als die rangniedrigere Ebene.

Im NLP werden fünf verschiedene Ebenen differenziert.

- Die Identitätsebene – wer bin ich ?
- Die Ebene der Glaubenssysteme – Werte, Kriterien, warum, weshalb, Gebote, Motivation

- Ebene der Fähigkeiten – das Wie, die Strategien und inneren Zustände, die Richtung
- Ebene der Aktionen – was tue ich, spezifische Verhaltensweisen
- Ebene der Umgebung – der äussere Rahmen, wo, wann, und die Reaktionen darauf.

Wenn Sie nun eine Veränderung auf der ersten Ebene, der Identitätsebene vornehmen, wird dies alle darunter liegende Ebenen entsprechend beeinflussen. Umgekehrt muss dies nicht unbedingt der Fall sein. Dies ist eine sehr wichtige Tatsache, die Sie bei Ihrer weiteren Arbeit berücksichtigen müssen!

Nehmen Sie z.B. einen Menschen, der abnehmen möchte und deshalb eine Diät beginnt und sportliche Aktivitäten entwickelt.

Alles Dinge, die der

vierten Ebene – Verhaltensweisen –

zuzuordnen sind.

Tief im Inneren ist dieser Mensch aber davon überzeugt, dass er einfach übergewichtig ist, weil alle Mitglieder seiner Familie Gewichtsprobleme haben und dies erblich bedingt ist.

Diese Überzeugung gehört zur zweiten evtl. sogar zur ersten Ebene und dieser Mensch kann und wird keinen Erfolg haben, wenn er nicht auf diesen oberen Ebenen ansetzt und seine Überzeugung und sein Identitätsgefühl korrigiert.

Wie wichtig es ist auf der richtigen Ebene anzusetzen wird deutlich, wenn man sich die Auswirkungen auf das Nervensystem anschaut.

1. **Identitätsebene** – wirkt auf das Immunsystem und endokrine System – tiefe lebenserhaltende Funktionen.
2. **Glaubensebene** – wirkt auf das autonome Nervensystem (Herzschlag, Verdauung, Pupillenerweiterung etc.)
3. **Ebene der Fähigkeiten** – wirkt auf das kortikale System – halbbewußte Aktionen wie Augenbewegungen, Haltung, Sprachgeschwindigkeit, etc.
4. **Ebene der Aktionen** – wirkt auf das motorische System – alle bewußten Aktionen.
5. **Ebene der Umgebung** – peripheres Nervensystem – Empfindungen und Reflexreaktionen.

Aus spiritueller Sicht kann man über der Identitätsebene eine weitere Ebene vermuten, die spirituelle Ebene, sie bestimmt unsere Lebensmission und ist allen anderen Ebenen übergeordnet.

Möglicherweise sind hier die Ursachen für sogenannte Wunderheilungen zu finden – auf den rechten Glauben, die richtige Überzeugung kommt es an.

Aus der Formulierung, mit der ein Mensch erklärt, warum etwas so ist wie es ist, oder nicht so ist, wie es sein sollte kann man entnehmen, um welche logische Ebene es sich handelt.

Das Gleiche gilt natürlich auch für Ihren inneren Dialog. Bleiben wir bei dem Beispiel mit der

Gewichtsreduktion. Versuchen Sie mal folgende Aussagen der richtigen Ebene zuzuordnen:

A. Ich muss reichlich essen, um mich wohl zu fühlen
B. Ich bin von Natur aus ein dicker Mensch.
C. Wenn ich nach Hause komme, esse ich gern sehr ausgiebig.
D. Immer wenn ich fernsehe, esse ich eine Schüssel voller Süßigkeiten.
E. Ich würde ja gerne abnehmen, aber ich weiß beim besten Willen nicht, wie ich es anstellen soll.

Aussage A: Ich muss reichlich essen, um mich wohl zu fühlen.

Gehört zur Glaubensebene.

Immer wenn Aussagen, Formulierungen enthalten in Form von Geboten, bzw. Verboten, wenn Sie scheinbare kausale Zusammenhänge erklären, können Sie darauf schließen, dass sie zur Glaubensebene gehören.

Aussage B: Ich bin von Natur aus ein dicker Mensch.

Gehört zur Identitätsebene.

Formulierungen, die aussagen, wer ich bin.

Aussage C: Wenn ich nach Hause komme, esse ich gerne sehr ausgiebig.

Gehört zur Ebene der Umgebung / Umwelt.

Formulierungen, die aussagen, wo ich etwas tue.

Aussage D: Immer wenn ich fernsehe, esse ich eine Schüssel voll Süßigkeiten.

Gehört zur Aktionsebene – spezifische Verhaltensweise. (Fernsehen)

Aussage E: Ich würde ja gerne abnehmen, aber ich weiß beim besten Willen nicht, wie ich es anstellen soll.

Gehört zur Ebene der Fähigkeiten – nicht wissen wie.

Wenn Sie nun an einem inneren Konflikt arbeiten, kann es vorkommen, dass Sie im Laufe des Prozesses die Ebene wechseln. Es ist nicht selten, dass ein Prozeß, der auf der Ebene der Fähigkeiten beginnt, sich schließlich als ein Identitätsproblem entpuppt.

Therapie ist keine Hexerei

An dieser Stelle möchte ich noch auf besondere Fälle und Zusammenhänge aufmerksam machen. Wie wir sehen konnten, sind Glaubensmuster, Metaprogramme, Werte und Denkgewohnheiten das Resultat unserer persönlichen Geschichte.

Darüber hinaus gibt es noch besondere Phänomene, die für allerlei psychische Symptome wie Ängste,

Depressionen, Zwangshandlungen, psychosomatische Schmerzen und viele andere negative Zustände verantwortlich sind.

Die sogenannten **latenten Programme**.

Hierbei handelt es sich um Programmierungen, die wir im Zustand eingeschränkter Bewußtheit aufnehmen.

Zum Beispiel jedes Wort, das im Zustand der Hypnose aufgenommen wird, ist ein sogenanntes latentes Programm und kann jederzeit – auch Jahre nach der Hypnose – reaktiviert werden.

Sobald der Reiz einer Information eine bestimmte Schwelle überschreitet, wird er uns bewußt, und wir richten unsere Aufmerksamkeit darauf. Überschreitet der Reiz diese Schwelle nicht, wird er als unterschwelliger Reiz vom Unterbewußtsein aufgenommen.
Das Unterbewußtsein können wir uns als ein aus verschiedenen Schichten aufgebautes Organ vorstellen. Entsprechend der menschlichen Entwicklungsgeschichte vom einfachsten Primitivbewußtsein (Überlebensbewußtsein), bis hin zum intellektuellen Vorbewußtsein. Je mehr wir uns dem Wachbewußtsein nähern, um so logischer und verstandesmäßiger sind unsere geistigen Funktionen. Nähern wir uns dagegen unserem Primitivbewusstsein, nehmen die Prozesse zwischen Reiz und Reaktion drastisch ab.

In diesen Bereichen geht es ums nackte Überleben, hier sind schnelle kraftvolle Reaktionen angesagt.

Unsere Aufmerksamkeit erstreckt sich über die gesamte Bandbreite, vom Primitivbewußtsein bis zum Wachbewußtsein.
Je mehr Aufmerksamkeit nun vom kritikfähigen Bewußtsein abgezogen ist, um so kritikloser werden Informationen aufgenommen.
Diese Zustände reichen von der leichten Trance, bis zur tiefsten Bewußtlosigkeit. Während im Wachbewußtseinszustand alle Informationen von intellektuellen Bewußtseinsteilen gesichtet, geordnet und bearbeitet werden, kommt es bei Bewußtlosigkeit zu ungeordneten Ablagerungen, sogenannten latenten Programmen.

Jeder Reiz, oder jede Reizähnlichkeit, die bei der Aufnahme eines latenten Programms erfahren wurde, kann zur Aktivierung eines solchen Programms führen. Der Faktor Zeit spielt hier keine Rolle.

Als re-stimulierender Reiz genügt manchmal schon das zufällige Zusammentreffen ähnlicher Klang- und Geruchseindrücke.

Viele unerklärliche Störungen, Ängste, Zwänge usw. haben ihre Ursache in latenten Programmen, die während der Schwangerschaft, in Bewußtlosigkeit, Schockzuständen, Unfällen, Narkosen etc. aufgenommen wurden.

Latente Programme kann man sehr einfach lösen, indem man sie dem Bewußtsein zugänglich und somit unschädlich macht. Leider werden bis heute

noch Menschen jahrelang mit Medikamenten, Verhaltenstherapie etc. behandelt, obwohl wenige Stunden Regression genügen würden.
Ich erlebe es häufig in unseren Ausbildungsseminaren, dass Teilnehmer ohne jegliche Therapieerfahrungen, in ein bis zwei Stunden erfolgreich latente Programme lösen, und dies bei Menschen, die teilweise bis zu 10 Jahren erfolglos psychotherapiert wurden.

Der Inhalt von Programmen kann sehr unterschiedlich sein. Jedes gesprochene Wort, das eine bewußtlose Person aufnimmt, kann posthypnotischen Charakter entwickeln.

Zum besseren Verständnis ein Beispiel:
Bei einer Frühgeburt äußert die Geburtshelferin folgende Worte: „Die Arme ist ja so klein und schwach; sie wird die nächsten Tage wohl kaum überleben!“.

Zweiundzwanzig Jahre ruhten diese Worte als latentes Programm. Als die inzwischen selbst erwachsene Frau ihr erstes Kind zur Welt brachte, wurde dieses Programm durch die Ähnlichkeiten des Geburtserlebnisses aktiviert.

Plötzlich fühlte sie sich dem Leben nicht mehr gewachsen und wurde von Todesängsten gepeinigt. jahrelanges falsches psychotherapeutisches Herumexperimentieren und viele Psychobonbons der Pharmaindustrie sorgten dafür, dass diese Symptome zum festen Bestandteil ihres Lebens wurden.

In einer dreieinhalbstündigen Rückführung konnte diese junge Frau zum ersten mal nach 29 Jahren wieder die Worte der Geburtshelferin hören. Insgesamt sechsmal durchlief sie ihre eigene Geburt und die unmittelbare Zeit danach, bis sie in der Lage war, jedes Wort und jedes damit verbundene Gefühl richtig zuzuordnen. Dies genügte, um sie restlos von ihren Ängsten zu befreien.

Wir alle stecken voll solcher latenten Programme; die meisten bleiben ein Leben lang inaktiv, können aber durchaus auch nach mehreren Jahren oder Jahrzehnten noch aktiviert werden.

Sämtliche Krankheiten, die unter der Rubrik „psychosomatisch“ eingestuft werden – und weitere darüber hinaus – können Ihre Ursache in latenten Programmen haben.

Die Frau aus unserem Beispiel hätte allerdings auch völlig andere Symptome entwickeln können. Wäre sie eine mehr kämpferische Natur gewesen, hätte sie wahrscheinlich mit hyperaktiven Reaktionen ihre Umwelt davon überzeugen wollen, dass sie sehr wohl zum Überleben fähig ist.

Man kann verschiedene Reaktionen vermuten, aber nie mit Bestimmtheit voraussagen.

Es müssen jedoch nicht unbedingt gesprochene Worte sein wie der nächste Fall uns zeigt:

Hier handelte es sich um eine Frau, 48 Jahre alt. Als sie zu uns kam, war ihr Leben stark eingeschränkt. Sie konnte keine Brücken überqueren, keine Rolltreppen benutzen und sich keinen Abhängen nähern. Nach einer mehr als einjährigen Verhaltenstherapie (unglaublich, was treiben die denn da so lange?) waren keine nennenswerten Besserungen in Sicht.
Im Rahmen eines Ausbildungs Seminar`s stellte Sie sich als Versuchsperson zur Verfügung. Zu diesem Zeitpunkt war sie nicht in der Lage, einen kleinen Steg zu überqueren, der sich in der Außenanlage vor dem Schulungsraum befand. Nach einem kurzen Vorgespräch, in dem sie ihre Lebensgeschichte schilderte, lies ich sie zu dem Moment zurückgehen, als ihr diese Angst zum ersten Mal bewußt wurde. Sie schilderte eine Situation in der Zeit, kurz nachdem ihr Mann verstorben war. In den meisten Fällen handelt es sich hier um die auslösende Situation. Eine Situation, in der ein latentes Programm aktiviert wird.
Hier kann man meist noch keine konkreten Zusammenhänge erkennen.
Durch gezielte Fragetechniken führte ich sie dann in die verursachende Situation zurück. Sie erzählte daraufhin ein Erlebnis, als sie 9 Jahre alt war. Bei einer Schulwanderung durch unwegsames Waldgelände, mußten die Kinder einen steilen Abhang hinab steigen. Sie hatte Angst und wollte nicht, wurde aber von ihrem Lehrer gezwungen weiter zu gehen. Bei diesem Abstieg verstauchte sie sich ihren Fuß und stürzte. Daraufhin musste sie alleine zurück bleiben und auf das Eintreffen einer zweiten Gruppe

ihrer Schulklasse warten, weil diese zweite Gruppe von mehreren Erwachsenen begleitet wurde. Sie mußte nur wenige Minuten warten, hatte jedoch furchtbare Angst, Schmerzen und kam sich allein gelassen vor.
Nachdem sie die Situation in allen Einzelheiten erneut durchlebt hatte, lies ich sie die Situation ein zweites Mal erleben. Diesmal jedoch mit mehr Ressourcen für alle Beteiligten.
Danach schickte ich sie zur Kontrolle hinaus auf den Steg in der Außenanlage. Kurze Zeit später kam sie freudestrahlend zurück und erzählte, dass sie diesen Steg gleich mehrmals überquert habe, weil sie es einfach nicht glauben konnte.
Der ganze Prozeß dauerte eine gute Stunde.

In diesem Fall kann man davon ausgehen, dass der Tod ihres Mannes (verlassen werden), der auslösende Faktor war.

Sollten Sie aus scheinbar unerklärlichen Gründen Beschwerden irgendwelcher Art haben oder bekommen, lassen Sie sich fachärztlich untersuchen. Kann der Facharzt körperliche Ursachen ausschließen, ersparen Sie sich unnötiges Leid und suchen Sie direkt einen guten Regressionstherapeuten auf.

Metaprogramme

Werte

Glaubensmuster

Ermitteln !

Interne Steuerung

Sonderfälle

Latente
Programme
Trauma
Narkose
Unfall
Schock
Bewußtlosigkeit

Logische Ebenen

→ Spirituell
→ Identität
→ Glauben
→ Fähigkeiten
→ Aktionen
→ Umgebung

Erfolgsstrategie –Sie brauchen es nur zu tun

Sie haben keine Zeit zu verlieren, ganz gleich wie jung Sie gerade sind. Für ein glückliches, erfolgreiches Leben ist es nie zu spät, aber auch nie zu früh. Also kommen wir gleich zur Sache. Verwirklichen Sie Ihre jetzt Träume und gestalten Sie Ihre persönliche Realität.

Was erwarten Sie von Ihrem Leben in den nächsten 7 bis 10 Jahren?
Im schlimmsten Fall wissen Sie es nicht, weil Sie sich darüber noch nie ernsthaft Gedanken gemacht haben.
Sie sollten spätestens jetzt damit beginnen darüber nachzudenken und etwas tun. Die meisten Menschen leben ziellos in den Tag hinein, weil sie es nie anders gelernt haben. Sie erfüllen ausschliesslich die Vorgaben von Schule, Staat und Arbeitgeber, immer in der Hoffnung, auf ein besseres Leben.
Die Spätleber, wir kennen sie bereits.
Diese Menschen leben, als seien sie unsterblich, sie haben die Tatsache des Todes vollständig verdrängt.

Wie ist das eigentlich mit Ihrem Tod?

Ist Ihnen klar, dass Sie auch irgendwann einmal sterben? Ich finde, der Tod ist der beste Motivator den es gibt, man muss sich nur regelmässig an ihn erinnern. Mit dem Tod im Rücken lässt man nichts mehr anbrennen, da gibt es keine Langeweile mehr.

Aber was ist dieses bessere Leben?

Sie müssen für sich entscheiden was Sie wollen, Sie brauchen ein Ziel. Und dieses Ziel müssen Sie genau definieren.
Manchen Menschen reicht es, sich das Ziel einfach nur vorzustellen. Für die meisten ist das jedoch zu wenig, sie verlieren ihr Ziel aus dem Auge und verlieren kostbare Zeit.

Damit Ihnen das nicht passiert, benutzen Sie das sogenannte **SMART** – Modell.
Es ist ganz einfach, schreiben Sie Ihr Ziel zum Beispiel in Bezug auf dieses Buch auf.
Aber nicht irgendwie, sondern eben nach dem SMART-Modell:

S - steht für SPEZIFISCH
M - steht für MESSBAR
A - steht für - formuliere es so
ALS OB DU ES GERADE TUN WÜRDEST

R - steht für REALISTISCH
T - steht für TIMING

Wenn Sie nun aufschreiben: Ich nehme mir vor, irgendwann demnächst mal das Buch „Der Psycho Bestseller“ durchzuarbeiten, so ist dies weder spezifisch noch meßbar.

Richtig wäre zum Beispiel:

Ab morgen lese ich eine halbe Stunde lang in „Der Psycho Bestseller“ hänge dann noch weitere 30 Minuten für die Übungen dran, und zwar von 18 bis 19 Uhr.

S pezifisch - ich lese und übe
M eßbar - zweimal 30 Minuten
A ls ob - im Präsenz formuliert
R ealistisch - ein realisierbares Ziel
T iming - von 18 bis 19 Uhr.

Wenn Sie so mit Ihren Zielen umgehen ist die Wahrscheinlichkeit, dass Sie wirklich Erfolg haben SEHR viel größer, weil diese Formulierungen Sie zu einer stärkeren Verbindlichkeit zwingen. Das merken Sie schon beim Aufschreiben.

Fragen Sie sich jetzt:
„Was kann ich jetzt tun für meinen Erfolg?“
Und dann tun Sie es!

Gerade sind wir an einem äusserst wichtigen Punkt angelangt.
Fällt Ihnen nichts auf? Jetzt, da Sie gerade diesen Satz lesen?
Wir befinden uns gerade auf der Seite 65, machen Sie eine kurze Pause und denken Sie nach.

--- P A U S E ---

Sie sollten sich eine Frage stellen und etwas tun und ich wette, Sie haben einfach weitergelesen, ohne sich zu fragen und ohne was zu tun, und die Pause haben Sie bestimmt auch einfach übersprungen.

Woher ich das weiß?
Weil ich es früher genauso gemacht habe. Und anschließend habe ich diese verdammten Bücher

und Anleitungen beschimpft, weil sie alle nichts taugten.

Es handelt sich hier wieder um ein ganz phantastisches Geheimnis. Sie können es in die Welt hinaus posaunen und trotz allem bleibt es geheim.
Das Geheimnis von der Macht der Gegenwart.
Jetzt in der Gegenwart haben Sie die Möglichkeit Ihr Leben bewusst zu gestalten.
Es gibt nur sehr wenige Menschen, die über die nötige Intelligenz verfügen, dieses Geheimnis autoditaktisch umzusetzen. Selbst unter direkter Anleitung begreifen es die wenigsten Menschen beim ersten Anlauf.
Wenn Sie dieses Buch zuerst vollständig lesen und erst dann praktisch arbeiten wollen, ist das ok. Aber das mindeste was Sie jetzt tun können, ...machen Sie sich Notizen.
Auf den folgenden Seiten finden Sie Strategien (Möglichkeiten), wie Sie Ihre persönliche Realität optimal gestalten können.
Es handelt sich hier um Methoden aus verschiedenen Bereichen des Mentaltraining, NLP (Neurolinguistisches Programmieren) und der Hypnose.
Und für die Flexiblen, die es wirklich wissen wollen, gibts im Kapitel "Unglaublichkeiten" noch ganz spezielle Anleitungen.
Die beschriebenen Methoden haben sich in der Praxis schon tausendfach bewährt und werden jedem eine große Hilfe sein, der sich ihrer bedient.

Untersucht man das Leben verschiedener Menschen kommt man zwangsläufig zu dem Ergebnis, dass es letztendlich ihr Modell der Welt ist, das über Gesundheit, Erfolg, etc.. entscheidet.

- **Ihre persönlichen Überzeugungen, Ihre Glaubensmuster steuern Ihr Leben.**

Glaubensmuster, das wissen Sie ja schon, sind Programmierungen in Ihrem Gehirn, die mit absoluter Zuverlässigkeit arbeiten, entweder für oder gegen Sie. Das tückische an Glaubensmustern ist, dass sie meistens unbewußt agieren und immun gegen Vernunft und logisches Denken reagieren.
Wenn Sie an einen Sachverhalt glauben, sind Sie davon überzeugt, dass es so und nicht anders ist, und Ihr Nervensystem wird alles menschenmögliche tun, um diesen Glauben zu bestätigen.

Was würde passieren, wenn Ihre Glaubensmuster ab heute für Sie, statt gegen Sie arbeiten würden?

Ein anderer wichtiger Faktor ist

- **das Mass Ihrer persönlichen Energie.**

Wenn Sie Veränderungen bewirken wollen, benötigen Sie dafür Energie. Die meisten Menschen leiden unter chronischem Energiemangel, da ihr Energiefluß durch ungelöste seelische Konflikte blockiert wird.
Ihr Energiefluss wird durch Ihre bewußte, als auch unbewußte Aufmerksamkeit gesteuert.

Ungelöste seelische Konflikte ziehen Aufmerksamkeit an und absorbieren die damit verbundene Energie.

Klassische Anzeichen für ungelöste seelische Konflikte sind Konzentrationsschwierigkeiten, Plan- und Ziellosigkeit, sowie die Unfähigkeit in der Gegenwart zu verweilen. Opfer ungelöster seelischer Konflikte sind mit Ihren Gedanken ständig in der Vergangenheit oder in der Zukunft und unfähig, den Augenblick zu genießen und optimal zu nutzen.

Was würde passieren, wenn Sie ab heute, von Tag zu Tag etwas mehr Energie zur Verfügung hätten?

Ein weiterer wichtiger Faktor für Veränderungen:

- **Sie müssen wissen, was Sie wollen.**

Das Problem vieler Menschen ist, dass sie zwar wissen, was sie alles nicht wollen, aber keine klare Vorstellung haben von dem, was sie wollen. Das heißt, Sie benötigen eine klare Vorstellung von dem Zustand, den Sie anstreben und

- Sie müssen bereit sein, etwas dafür zu tun.

Wenn es Ihnen gelingt, diese vier Punkte

1. Ihre Glaubensmuster
2. Ihre persönliche Energie
3. Ihre Zielvorstellung
4. Ihren Willen zur Tat

zu handhaben, werden Sie in der Lage sein, Ihre persönliche Realität nach Ihren Wünschen zu gestalten.

Aufgaben für den 1. Schritt

- Erstellen sie jetzt sofort Ihren ganz persönlichen Arbeitsplan für dieses Buch. Tun Sie dies jetzt sofort, schriftlich nach dem SMART Modell.
- Beantworten Sie schriftlich folgende Fragen: Was genau erhoffen Sie sich von diesem Buch? Woran genau werden Sie erkennen, dass Sie dieses Ziel erreicht haben?

Im nächsten Schritt erfahren Sie, warum es so wichtig ist konkrete Ziele zu haben.

Sie brauchen Ziele!

Wer nicht weiß, was er will, bekommt auch nicht das, was er will. Die meisten Menschen wissen, was sie alles nicht wollen, und nur ganz wenige wissen, was sie wollen.
Fragen Sie die Menschen Ihrer Umgebung, und Sie werden mir Recht geben. Es gibt nur wenige Menschen, die Ihnen genau sagen können, was sie wollen und welche Ziele sie haben. Die meisten Menschen werden Ihnen spontan sagen, was ihnen unangenehm ist, was sie vermeiden möchten und wovor sie Angst haben.

Ein Kernprinzip aus der Erfolgsforschung lautet:

Worauf Sie sich konzentrieren – davon werden Sie mehr erhalten!

Wenn Sie sich überwiegend auf Probleme und Schwierigkeiten konzentrieren, werden Sie mehr Probleme und Schwierigkeiten bekommen. Konzentration auf Schwächen bringt mehr Schwächen!

Oder: Konzentration auf Stärken und Lösungen bringt mehr Stärken und Lösungen!

Ein Ziel zu haben, ist der erste und wichtigste Schritt zum Erfolg!

Es ist wissenschaftlich erwiesen:

Jede Vorstellung, die uns erfüllt, hat das Bestreben, sich zu verwirklichen.

Menschen, die unablässig negative Situationen im Kopf haben (z.B.Angst), ziehen eben diese Situationen unweigerlich an. Menschen, die ein überwiegend positives inneres Erleben haben , ziehen dies ebenso an.
Wenn Sie ein konkretes Ziel vor Augen haben (vor Ihrem inneren Auge), werden Sie sich unweigerlich in Richtung dieses Zieles hin bewegen. Sie ziehen automatisch Dinge, Menschen, Situationen usw. an, die Sie ihrem Ziel näherbringen.

Mit einem Ziel im Kopf kann Ihr Unterbewußtsein
Ihre Handlungsweisen ständig korrigieren
und Sie immer wieder
neu auf Ihr Ziel ausrichten.

Vielleicht gehören Sie zu den wenigen glücklichen Menschen, die genau wissen, was sie wollen, wenn nicht, wird es Zeit, dass Sie sich mit Ihren wahren Wünschen und Bedürfnissen auseinandersetzen.

- Was erwarten Sie vom Leben?
- Wie würden Sie den Rest Ihres Lebens gerne verbringen?
- Was ist Ihnen am Wichtigsten im Leben?
- Was sind Sie bereit zu opfern, welchen Preis sind Sie bereit zu zahlen, um diese Ihre Wünsche zu realisieren?
- Was ist in Ihren Augen Erfolg?

Es ist äußerst wichtig, dass Sie sich mit solchen Fragen intensiv beschäftigen. Den meisten Menschen wird dann klar, dass sie die meiste Zeit ihres Lebens damit verbracht haben, fremde Ziele zu verfolgen. Reichtum ist keine Garantie für "glücklich sein."
In der Regel werden wir durch den Prozeß der Sozialisierung von unserer ursprünglichen Mission entfernt. Unsere anerzogenen Ziele und Wünsche haben kaum noch etwas mit unserer ursprünglichen Mission zu tun.
Es kann durchaus hilfreich sein, wenn Sie sich intensiv mit Ihrer Kindheit auseinandersetzen. Womit

haben Sie sich am liebsten beschäftigt? Was haben Sie damals vom Leben erwartet?

Nehmen Sie sich genügend Zeit für diese Selbstanalyse und notieren Sie sich alle wichtigen Erkenntnisse. Schreiben Sie eine Liste Ihrer Wünsche / Ziele. Schreiben Sie alles auf, was Ihnen einfällt, wie Sie gerne den Rest Ihres Lebens verbringen möchten.
In diesem Stadium der Wunsch und Zielermittlung ist es nicht wichtig, ob es sich um realisierbare Wünsche handelt, wichtig ist, dass Sie schreiben, soviel Ihnen nur einfällt. Sie müssen diese Liste nicht zum Abschluß bringen, im Gegenteil, beschäftigen Sie sich regelmäßig damit, lassen Sie sie wachsen.

Aufgaben für den 2. Schritt

1. Schreiben Sie jetzt ihre Phantasie- Wunschliste.
2. Wählen Sie aus dieser Wunschliste maximal 7 Wünsche/Ziele aus.
3. Bringen Sie diese Ziele in eine Reihenfolge der Wichtigkeit, in welcher Reihenfolge wollen Sie diese Ziele erreichen?
4. Achten Sie darauf , dass sich Ihre Ziele/ Wünsche nicht widersprechen. Sie können nicht gleichzeitig Bürgermeister von Berlin sein und ein Aussteigerleben in Brasilien geniessen. Ihre Wünsche und Ziele müssen zueinander passen.

Bei manchen Menschen erzeugt diese Aufgabe einen gewissen inneren Stress, sie haben Angst davor, eine Fehlentscheidung zu treffen.
Es ist vollkommen normal, dass sich unsere Wünsche und Ziele mit der Zeit ändern können und es besteht kein Grund, Angst vor einer Entscheidung zu haben. Entscheidung kommt von entscheiden und ist ein Prozeß, der uns immer zur Verfügung steht. Erinnern Sie sich, wir können uns jederzeit neu entscheiden. Allerdings sollten Sie Ihre Ziele nicht täglich ändern.

Im nächsten Schritt geht es um Ihr erstes Ziel.
Beschreiben Sie exakt die genaue Zielsituation, und zwar so, als wäre sie schon Realität!

Ziel X:

- Was werde ich – sehen – hören – fühlen – riechen – schmecken
- wenn ich Ziel X erreicht habe?
- Wer werde ich sein wenn ich Ziel X erreicht habe?

Nur wenn Sie Ihr Ziel lebendig innerlich erleben können, werden Sie den nötigen Erfolgsglauben und somit die nötige Energie aufbringen, dieses Ziel zu verwirklichen.
Ihr Ziel sollte Ihnen vollkommen vertraut sein, so als lebten Sie schon jahrelang in dieser Situation.
Der Gedanke an Ihr Ziel soll Freude und Begeisterung auslösen. Ein paar Minuten mentales

Arbeiten kann Wunder wirken – jeder Profisportler wird Ihnen dies bestätigen.

Mit folgender Übung können Sie erfahren, welche Kraft in Ihren Gedanken steckt.

Stellen Sie sich aufrecht hin und heben Sie Ihren rechten Arm waagerecht an. Schließen Sie ein Auge, und peilen Sie am gestreckten rechten Arm und Zeigefinger entlang, so als wollten Sie etwas anvisieren. Nun drehen Sie Ihren Oberkörper soweit es geht nach rechts – die Füße bleiben in der Grundstellung stehen. Merken Sie sich den weitesten Punkt, den Sie anvisieren konnten, und kommen Sie in die Ausgangsstellung zurück. Nun schließen Sie kurz die Augen, und stellen Sie sich vor, daß Sie sich noch um einen halben Meter weiter nach rechts drehen können. Es reicht, diese Vorstellung etwa eine Sekunde innerlich zu erleben! Jetzt wiederholen Sie die körperliche Übung!

Mit Sicherheit konnten Sie sich jetzt ein beachtliches Stück weiter drehen – und dies bei geringerer Anstrengung.
Hätten Sie versucht, diese Leistungssteigerung durch körperliches Training zu bewirken, wäre ein Vielfaches an Zeit und Energie nötig gewesen.

Nehmen Sie sich Zeit, spielen Sie Ihre Wünsche und Ziele durch, tun Sie so „als ob.“
Auf diese Art können sie auch feststellen, ob Ihr Ziel wirklich das ist, was Sie wollen. Und wenn sie sicher sind, dass alles stimmt, träumen Sie

regelmässig von Ihrem Ziel. So, als hätten Sie es schon erreicht. Im Kapitel über die „Unmöglichkeiten“ finden Sie weitere interessante Tipps hierzu.

Was Sie nun brauchen sind ein paar Erfolgserlebnisse, die Sie motivieren dabei zu bleiben. Nichts ist so motivierend wie die regelmäßige Bestätigung, dass wir uns unserem Ziel nähern. Selbst Kühe werden immer schneller, je näher sie dem heimatlichen Stall kommen.
Aus diesem Grund ist es wichtig, ein Ziel in mehrere Etappenziele zu unterteilen. Nach dem Prinzip einer Leiter oder Treppe.
Erstellen Sie sich eine Aktionsliste.

- Wie können Sie Ihr Ziel in Etappen unterteilen?
- Welche Voraussetzungen müssen Sie schaffen?
- Wie sehen die einzelnen Schritte aus?
- Was können Sie sofort erledigen?
- Wer könnte Sie unterstützen?
- In welchem Zeitraum möchten Sie was genau erledigt haben?
- Weiteres..........

Aufgaben für den 3. Schritt

- Entwerfen Sie Ihren Erfolgsfilm/traum, unter Beteiligung aller 5 Sinne.
- Unterteilen Sie Ihr Ziel in Teilziele einer Größenordnung, die möglichst viele Erfolgserlebnisse gewährleistet.

Es liegt allein an Ihnen

Wenn Sie das tun, was sie immer getan haben – werden Sie wahrscheinlich auch das bekommen, was Sie immer bekommen haben!
Sie können sich jetzt in diesem Augenblick entscheiden, etwas anderes zu tun und werden mit Sicherheit auch etwas anderes bekommen.

Treffen Sie jetzt die richtige Entscheidung, und verpflichten Sie sich danach zu handeln – übernehmen Sie Verantwortung!

Entscheiden heißt, sich einer Sache 100%ig zuzuwenden.

- Gewöhnen Sie sich an, bewußt zu entscheiden,
- Was Sie anstreben (Ihre Ziele);
- Welchen Wert etwas für Sie hat;

- Welche Strategie Sie verfolgen, um das zu bekommen, was Sie anstreben.

Überwinden Sie Ihre Entscheidungsängste, und treffen Sie mit Freude Ihre Entscheidungen.
Analysieren Sie die Ergebnisse und entscheiden Sie entsprechend Ihren Erfahrungen.

Sich bewusst entscheiden ist aufregend und spannend, denn jede Entscheidung die Sie treffen gestaltet Ihr Leben.

Nehmen Sie sich ein paar Minuten Zeit und denken Sie darüber nach.
Die meisten Menschen schieben Entscheidungen auf die „lange Bank“, in der Hoffnung, dass sich die Dinge von selbst regeln. Sie fürchten die Verantwortung, denn wer sich entscheidet, ist verantwortlich.
Aber auch „sich nicht zu entscheiden“ ist eine Entscheidung, allerdings oft mit unerwünschten Folgen.
Menschen mit Entscheidungsängsten hängen meist in der Vergangenheit fest oder fürchten sich vor der Zukunft – statt zu erkennen, daß uns die Macht über unser Schicksal in der Gegenwart gegeben ist!

Alles, was Sie jetzt in diesem Moment entscheiden, bestimmt Ihre Zukunft!

Diesen Satz sollten Sie zu Ihrem "Ohrwurm" machen!
Je öfter Sie sich bewußt entscheiden, um so perfekter werden Ihre Entscheidungen in der Zukunft sein.

Welche Entscheidungen können Sie jetzt treffen, von denen Ihre Zukunft positiv beeinflußt wird, Entscheidungen, die Sie Ihren Zielen näher bringen? Notieren Sie in Ihrem Arbeitsheft !

Aktionen
Die beste Zielplanung, die besten Strategien sind wertlos, solange Sie nicht in Aktion treten, solange Sie nicht aktiv werden.
Für viele Menschen bedeutet Aktivität Anstrengung, mühsame Arbeit und dergleichen mehr. Diese Einstellung blockiert natürlich jegliche Aktivität und führt zur vorzeitigen Erschöpfung.

Wenn Sie jedoch eine Sache
mit Freude angehen,
ist Ihre Energie nahezu unbegrenzt!

Programmieren Sie Ihre Aufmerksamkeit
auf optimale Verbesserung!

Nur wenige Menschen leben bewußt im Hier und Jetzt. Die meisten Zeitgenossen schwelgen in einem tranceähnlichen Zustand geistiger / körperlicher Trägheit und werden nur aktiv, wenn der Handlungsbedarf eine gewisse Reizschwelle überschreitet.

Diese „Tagtraumzeiten“ sind nicht nur unproduktiv, sondern auch äußerst schädlich. In diesen Phasen werden meist negative Gedankenmuster und Blokkaden gefestigt. Unkontrollierte Gedanken können dieselben verheerenden Folgen haben wie unkontrolliertes Feuer.
Indem man immer wieder dieselben Probleme wälzt, sich mit seinen Ängsten und Befürchtungen im Kreis bewegt, programmiert man sein Gehirn auf eben diese negativen Inhalte.

In diesem tranceähnlichen Zustand befindet sich das Gehirn meist im sogenannten Alphabereich, einer hypnotischen Frequenz, die besonders gut geeignet ist zum programmieren des Unterbewußtseins.

Wußten Sie, dass Sie

- ca. 60 000 Gedanken täglich denken ? Dass davon nur
- ca. 3 % hilfreiche, aufbauende Gedanken sind,
- ca. 25 % negative, destruktive Gedanken sind, mit denen Sie sich selbst oder anderen Schaden zufügen und
- ca. 72% unbedeutende flüchtige Gedanken sind, mit denen Sie nur Zeit und Energie vergeuden ?

Diese Zahlen habe ich in irgendeinem schlauen Artikel gelesen und hochgerechnet, es stimmt!

Sie können diese Fallgrube umgehen,

indem Sie Ihre Aufmerksamkeit bewußt an die Gegenwart binden
und Ihr Gehirn mit etwas sinnvollem beschäftigen.

Programmieren Sie sich darauf, optimale Alternativen zu finden. Ganz gleich, ob es sich um Gebrauchsgegenstände, Geschäftsverbindungen Arbeitsabläufe, Lebenssituationen, oder die Beziehung zum Partner handelt: Es gibt nichts, was nicht verbessert werden könnte!
Was von Menschen geschaffen wurde, ist immer einer Optimierung fähig.

Beobachten Sie die Situation / den Gegenstand,
analysieren Sie die Situation / den Gegenstand,
finden Sie eine bessere Alternative.
Dieses Verhalten wird schnell zur Gewohnheit
und verbessert Ihre Lebensqualität nachhaltig.
Motivieren Sie auch Ihre evtl. Mitarbeiter, dasselbe zu tun.

Gestalten Sie Ihre Realität bewußt!

Es ist mittlerweile sogar auch wissenschaftlich erwiesen, dass es die Materie (so, wie wir sie wahrnehmen) nicht gibt, sondern dass letztendlich alles eine Form der Energie ist.
Weiterhin weiß man, dass die sogenannten subatomaren Teilchen (die Vorstufe unserer scheinbaren Materie) sehr stark von unseren Gedanken beeinflußt werden können. Die Wissenschaft bestätigt damit,

was z.B. in den heiligen Büchern Indiens schon vor über tausend Jahren niedergeschrieben wurde, wenn auch in anderen Formulierungen.

Die mentalen Prozesse von heute schaffen die Realität von morgen!

Mit dem vorliegenden Buch haben Sie ein System, das wirklich funktioniert. Sie selbst und Ihre Lebensumstände sind der Beweis dafür, dass es mit absoluter Sicherheit funktioniert!

Das Geheimnis ist Ihre Individualität! Die meisten mentalen Trainingssysteme verlangen von ihren Anwendern ein perfektes Visualisieren, der von ihnen erwünschten Situation.

Was passiert aber, wenn man nicht visuell veranlagt ist? Man blockiert sich und seine Kreativität durch den krampfhaften Versuch, trotzdem zu visualisieren – obwohl man vielleicht eher auditiv veranlagt ist. Schlußendlich ist man frustiert, weil es nicht funktioniert.

Deshalb:

Arbeiten Sie so, wie Sie es immer getan haben, allerdings bewußter und zielgerichtet! Beginnen Sie Ihren bevorzugten Sinneskanal mit allen anderen Sinneskanälen zu verschränken.

Wenn Ihr bevorgzugter Sinneskanal der visuelle Kanal ist, wenn Sie also gut visualisieren können aber innerlich nichts hören, machen Sie mal folgendes: Erinnern Sie sich an eine beliebige Person, daran, wie diese zu Ihnen gesprochen hat. Schauen Sie sich alles ganz genau an, und dann lenken Sie Ihre Aufmerksamkeit auf den Mund der Person und hören die Worte. Falls sie mehr auf Autos als auf Menschen stehen, erinnern Sie sich eben an ein Auto und hören den Klang des Motors. Diesen Prozeß können Sie auch umwandeln vom hören zum sehen, vom fühlen zum sehen usw...

Sie wissen, was Sie wollen, und Sie wissen, was Sie erleben werden, wenn Sie Ihr Ziel erreicht haben.

Sie haben eine ganz individuelle Zielvorstellung!
Ein ganz individuelles Zielerleben.
So, wie Sie (unbewußt) Ihre augenblickliche Realität geschaffen haben, können Sie jetzt ganz bewußt die Realität schaffen, die Sie sich so sehr wünschen.

**An Ihrer Realität von heute
können Sie Ihre mentalen Prozesse
von gestern erkennen!**

Diese mentalen Prozesse setzen sich zusammen aus:

- **Ihrem aktiven Wortschatz,**
- **Ihren Metaprogrammen,**
- **Ihren Glaubensmustern,**
- **Ihrer Repräsentationsart,**
- **Ihrer persönlichen Energie.**

Diese Dinge müssen Sie in den Griff bekommen, damit Sie die Zukunft Ihren Wünschen entsprechend gestalten können.

Die meisten Menschen „schwelgen“ in ihren Ängsten, Befürchtungen, Zweifeln usw., und Sie wünschen sich eigentlich das Gegenteil von dem, was Sie befürchten, aber das Unterbewußtsein reagiert den gemachten Eingaben entsprechend – es unterscheidet nicht, ob etwas unserem Wunsch entspricht oder nicht, es reagiert nur – und in diesem Fall auf das, womit wir unsere Gedanken am meisten beschäftigen:
Deshalb:

Kultivieren Sie Ihr inneres Erleben
Ihren wirklichen Wünschen entsprechend!

Je realistischer Sie Ihre Wunsch- oder Zielsituation innerlich erleben können, um so stärker sind die Impulse für Ihr Unterbewußtsein, diese Situation in der Realität zu (er)schaffen.

Um Ihr Unterbewußtsein optimal anzusprechen, gehen Sie in den Alphazustand oder besser noch, erlernen Sie die Kunst der Selbsthypnose. Im sogenannten Alphazustand ist der Mensch entspannt und sein Unterbewußtsein besonders ansprechbar. In diesem Zustand regeneriert sich der Körper schnell und tankt neue Energie.

Vielleicht denken Sie jetzt, wenn es wirklich so einfach ist, warum gelingt es dann nur so wenigen Menschen?

Diese Frage habe ich mir auch oft gestellt.
Ich habe mich mein ganzes Leben lang mit solchen Dingen beschäftigt und mir oft diese Frage gestellt: Warum gelingt es mir nicht?
Heute weiß ich es und stellen Sie sich vor, ich bin bereit, es Ihnen zu erzählen. Aber mein Wissen wird Ihnen wenig nutzen. Warum?
Weil es eine reine Erfahrungssache ist. Es ist eine Sache, die weitgehend unabhängig von unserem Verstand funktioniert.
Denken Sie mal an eine Sache, die Ihnen sehr am Herzen liegt. Und nun denken Sie an die Versuche, die Sie unternommen haben um diese Sache zu realisieren. Jetzt erinnern Sie sich an die mentalen Prozesse, die all Ihre diesbezüglichen Aktionen begleitet haben.
Sind da Gedanken die sinngemäss sagen: Hoffentlich klappt es. ? Genau das ist es.
Dieses „Hoffentlich" ist Ausdruck unbewußter oder auch bewußter Ängste, dass es nicht funktionieren könnte. Es ist ein innerliches Erleben davon, wie Sie sich bemühen und am Ende leer ausgehen. Ihr Unbewußtes als Ihr treu ergebener Diener tut sein bestes um Ihren Vorstellungen gerecht zu werden.

Na, ich hab Ihnen doch gesagt, es ist ganz einfach.
Alles was Sie nun benötigen ist ein Verfahren um diese verdammten Vorstellungen in den Griff zu bekommen.

Es besteht Grund zur Freude, denn auch dafür gibt es etwas ganz einfaches.

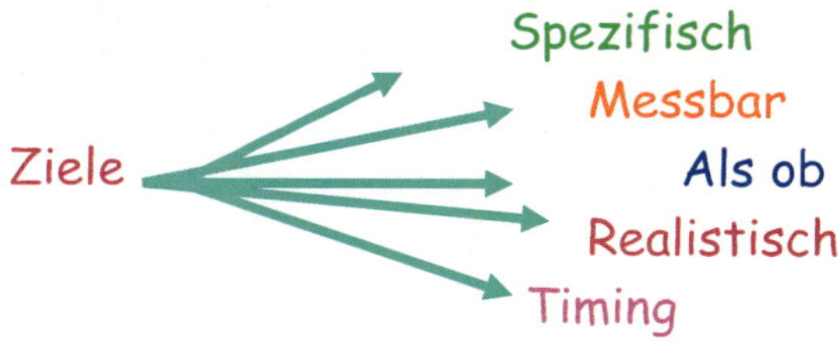

Mentaltraining

Kontrolle

Entscheiden

Glauben

Wollen

&

Energie

Tun

Visualisieren

Imaginieren

Kontinuität

Der letzte Schliff für Ihre Ziele/Wünsche

1. Passen Ihre einzelnen Wünsche und Ziele zusammen oder widersprechen Sie sich? Wenn Sie sich widersprechende Wünsche haben, deutet das oft auf konträre Wertvostellungen hin oder gar auf Unstimmigkeiten auf der Identiätsebene. Wie Sie hier Harmonie schaffen können, wird im folgenden noch ausführlich behandelt.

2. Was sind die positiven und negativen Folgen, wenn Sie Ihr Ziel erreicht haben? Evtl. müssen Sie Ihr Ziel etwas modifizieren, damit die möglichen negativen Folgen Ihre Arbeit nicht sabotieren.

3. Gibt es irgendwelche Vorbehalte, die Sie am Erreichen des Zieles hindern könnten? Schreiben Sie alle evtl. Vorbehalte auf und untersuchen Sie sie in Bezug auf negative Glaubensmuster, wie z.B.: Ich bin es nicht wert, es steht mir nicht zu, dazu bin ich zu dumm, zu jung, zu alt, zu schüchtern, dafür ist es zu spät, fehlen mir die Möglichkeiten usw..... Wie Sie damit umgehen, wird im Folgenden noch behandelt.

4. Modifizieren Sie Ihr Ziel solange, bis Sie aus vollem Herzen sagen könne: „Ja, so stimmt es, so ist es gut“.

Mitunter kann es einige Zeit und Arbeit erfordern die aufgeführten Bedingungen zu erfüllen, aber glauben Sie mir, der Aufwand lohnt sich.

Vergleichen Sie es mit der Bauplanung eines Gebäudes. Bevor der erste Spatenstich gemacht wird planen Architekten, Ingenieure und Techniker der verschiedenen Gewerke bis ins kleinste Detail, so dass am Ende alles aufeinander abgestimmt ist und alles passt. Fehler in der Planungsphase können das gesamte Projekt gefährden.

Die Kraft der Träume

Nun dürfen Sie ein wenig träumen. Imaginieren Sie das Erreichen Ihres Ziels. Mit imaginieren meine ich, dass Sie innerlich erleben sollen, wie Sie Ihr Ziel erreicht haben, tun Sie so als ob!
Stellen Sie sich die Frage: Woran im Einzelnen kann ich erkennen, dass ich mein Ziel erreicht habe?
Dies sollte alle Sinneswahrnehmungen betreffen.
In den meisten Mentaltrainingsystemen wird verlangt, man soll sein Ziel visualisieren.
Visualisieren ist gut, allerdings kann das nicht jeder gleich gut, und Sie sollten keine unnötige Zeit damit vergeuden, es um jeden Preis erlernen zu wollen. Es wird sich früher oder später von selbst einstellen. Benutzen Sie das Verfahren, das Sie zur Zeit am besten beherrschen, erleben Sie es innerlich, so wie Sie es immer getan haben, denn das funktioniert bei Ihnen. Aber Vorsicht!
Für die meisten Menschen ist Ihr inneres Erleben so selbstverständlich, dass Sie die feinen Unterschiede nicht bemerken. Sie sollten Ihr inneres Erleben

unbedingt einmal unter die Lupe nehmen. Grundsätzlich kann man unterscheiden zwischen:

- Visuelle Anteile – was Sie innerlich sehen.
- Auditive Anteile – was Sie innerlich hören.
- Kinästhetische Anteile – was Sie fühlen.
- Olfaktorische Anteile – was Sie riechen
- Gustatorische Anteile – was Sie schmecken

Wie Sie bereits wissen, bevorzugt jeder Mensch einen ganz bestimmten Sinneskanal für sein inneres Erleben, während die übrigen Sinne nur zu einem unterschiedlichen Prozentsatz beteiligt sind. Darüber hinaus gibt es für jeden der fünf Sinne noch verschiedene Feineinstellungen, die für unsere weitere Arbeit sehr wichtig sind, die sogenannten Submodalitäten.
Im folgenden ein paar Hinweise auf die Submodalitäten der drei wichtigsten Kanäle:

Die feinen Unterschiede

Visuell: Visuelle Wahrnehmungen können unterschiedliche Merkmale aufweisen.Schwarzweiß oder farbig, hell / dunkel, groß / klein, Bild oder Film, 3-Dimensional oder flach, Bewegung schnell oder langsam, klar oder verschwommen, nah / fern, mit oder ohne Rahmen, links oder rechts, oben oder unten lokalisiert und andere mehr.

Auditiv: Unterschiedliche Merkmale auditiver Wahrnehmungen. Laut / leise, Tonlage, nah oder fern, Betonung, schnell / langsam, Rhythmus, Stimme männlich oder weiblich, Lokalisation von rechts, links, oben oder unten u.a. m.

Kinästhetisch: Unterschiedliche Merkmale kinästhetischer Wahrnehmungen. Heiß / kalt, hart / weich, angenehm / unangenehm, stark / schwach, rauh / sanft, schwer / leicht, Lokalisation im Körper, fest / locker, entspannt / gespannt u. a. m.

Hierzu kommen noch die sogenannten

Meta-Modalitäten:

Visuell:
Assoziiert – dissoziiert, von innen, von aussen.

Auditiv:
Worte – Töne, von innen, von aussen.

Kinästhetisch:
Emotional – taktil, von innen, von aussen.

Das Zusammenspiel der gerade dargelegten Fakten spielt eine große Rolle in Bezug auf Ihr inneres Erleben u. a. auch darauf, ob Sie eine Sache glauben oder nicht, ob Sie zuversichtlich sind oder zweifeln. Probieren Sie folgendes Experiment:

1. Denken Sie an eine Sache von der Sie wissen, dass Sie sie erfolgreich durchführen können.
2. Denken Sie an eine Sache, die Sie zwar gerne durchführen würden, aber bei der Sie Zweifel haben, ob es Ihnen gelingt.

3. Bei jeder dieser Sachen haben Sie ein bestimmtes inneres Erleben, finden Sie jetzt die Unterschiede heraus. Was sehen Sie, was hören Sie, was fühlen Sie und wo liegen die Unterschiede?

z.B.: Bei 1 kann das innere Erleben vorwiegend visuell sein. Bei 2 kann das innere Erleben ebenfalls visuell sein, allerdings sind die Bilder vielleicht hier nicht so klar, erscheinen in einem anderen Blickwinkel usw...
Bestimmen Sie möglichst viele Unterschiede.

Wie würden Sie Ihre Zielvorstellung nun gestalten? Richtig! Passen Sie das gesamte innere Erleben Ihrer Zielvorstellung den Kriterien von Nr. 1 an, der Art (Submodalitäten), die Ihnen Sicherheit und Gewißheit vermittelt.

Das Spiel der Augen

Bestimmte Gedankenprozesse werden in der Regel von unbewussten Augenbewegungen begleitet, an denen man den Zugang zum entsprechenden Repräsentationssystem erkennen kann. Umgekehrt kann man sich den Zugang zu einem Repräsentationssystem erleichtern, indem man seine Augen in die entprechende Stellung bringt. Folgende Repräsentationssysteme werden unterschieden:

Visuell konstruieren = Vk
Visuell erinnern = Ve
Auditiv konstruieren = Ak
Auditiv erinnern = Ae
Kinästhetisch = K
Auditiv digital (innerer Dialog) =Ad

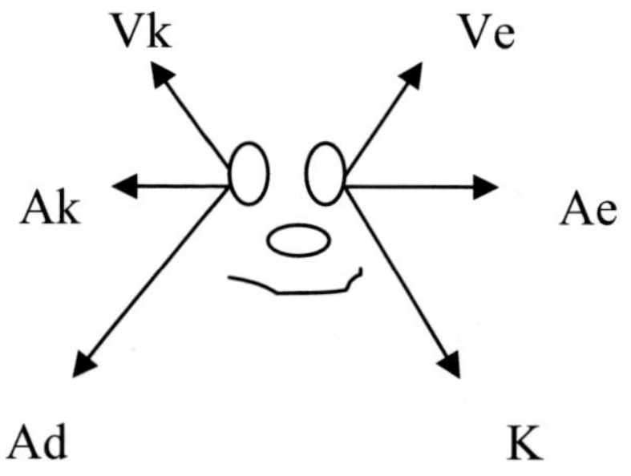

Wenn jemand visuell konstruiert, schaut er in der Regel nach rechts oben.
Wenn jemand visuell erinnert, schaut er in der Regel nach links oben.
Wenn jemand auditiv konstruiert, schaut er in der Regel nach rechts.
Wenn jemand auditiv erinnert, schaut er in der Regel nach links.
Wenn jemand kinästhetisch konstruiert oder erinnert, schaut er in der Regel nach rechts unten.
Wenn jemand in Gedanken mit sich selbst spricht, schaut er in der Regel nach links unten.
In Ausnahmefällen kann es Seitenverkehrt sein!

Sie können an den Augenbewegungen erkennen, ob Ihnen jemand etwas Erinnertes erzählt oder ob er eine Sache konstruiert (Lügt?!)

Sie können die Augenbewegungen auch nutzen, um sich selbst einen besseren Zugang zu den entsprechenden Repräsentationssystemen zu verschaffen.

Neben diesen klassischen Augenpositionen gibt es noch weitere Positionen, die mit ganz bestimmten inneren Zuständen verbunden sind. Die sogenannten

Synästhesien seelische Kraftwerke

Synästhesien sind Kreuzverbindungen verschiedener Repräsentationssysteme, die sich gegenseitig verstärken. D.h., Sie haben z.B. eine visuelle Repräsentation, eine kinästhetische und eine auditive Repräsentation gleichzeitig. Diese Art Repräsentationen können hemmend oder aktivierend sein und sind auf den ersten Blick nur schwer zu definieren. Im Hinblick auf unsere Zielaktivitäten fühlen wir uns entweder gehemmt oder besonders aktiviert, je nach Art der Synästhesie.
Die typische Augenstellung für hemmende Synästhesien liegt zwischen kinästhetisch erinnern und auditiv Digital – also im vorderen unteren Sehfeld.
Die typische Augenstellung für aktivierende Synästesien liegt zwischen visuell erinnern und visuell konstruieren – also im vorderen oberen Sehfeld.

Hemmende Synästhesien können dafür verantwortlich sein, dass Sie ein Ziel zwar gerne realisieren würden, aber nie wirklich damit anfangen. Irgendwie haben Sie Angst zu versagen. Es kann sich durchaus auch um Dinge handeln, bei denen Sie früher schon Mißerfolge hatten.

Wählen Sie sich nun eine solche Situation, denken Sie an etwas, dass Sie gerne realisieren würden, aber bei dem Gedanken gleichzeitig auch Angst haben zu versagen. Finden Sie heraus, was genau Sie innerlich erleben und in welcher Position sich Ihre Augen befinden. Wahrscheinlich befinden sich Ihre Augen im vorderen unteren Sehfeld, und möglicherweise haben Sie dort alle Repräsentationen gleichzeitig. D.h., alles ist wahrscheinlich ziemlich verworren und Sie können zwischen sehen, hören und fühlen nicht recht unterscheiden, Sie haben ein ungutes Gefühl. Das ist eine hemmende Synästhesie.
Lösen Sie diese Synästhesie in Ihre Bestandteile auf. D.h., befördern Sie alle Repräsentationen in die richtigen Zugangspositionen. Bringen Sie Ihre Augen in die Synästhsiestellung und konzentrieren Sie sich nur auf Ihr Gefühl.
Konzentrieren Sie sich nur auf Ihr Gefühl, und bringen Sie Ihre Gefühle mit Ihren Augen nach rechts unten. Dann konzentrieren Sie sich nur auf visuelle Erinnerungen und bringen diese nach links oben, alle inneren Kommentare nach unten links, usw...

Haben Sie alle Bestandteile Ihrer Synästhesie geordnet, konzentrieren Sie sich auf jeden einzelnen

Bestandteil für sich, indem Sie sich fragen: welche Information im Hinblick auf mein Ziel ist in dieser Vision, diesem Gefühl, etc.. enthalten? Gehen Sie davon aus, dass die Bestandteile Ihrer Synästhesie wichtige Botschaften für Sie enthalten.
Manchmal ist es nötig mit den Submodalitäten der einzelnen Bestandteile ein wenig zu experimentieren, z.B. wenn eine Stimme so laut und dröhnend klingt, dass sie Angst verursacht – machen Sie sie leiser. Wenn ein Bild überdimensional groß erscheint, verkleinern Sie es, usw... Experimentieren Sie!!
Sobald Sie dies durchgeführt haben, suchen Sie nach einem Referenzerlebnis, dass Ihrem Ziel von der Art her möglichst nahe kommt.
D.h., erinnern Sie sich an etwas, das Ihrem Ziel sehr ähnlich ist, von dem Sie aber absolut überzeugt sind, dass Sie es erreichen können. Sobald Sie dieses Referenzerlebnis innerlich erleben, merken Sie sich Ihre Augenstellung (wahrscheinlich im mittleren oberen Sehfeld) und achten Sie auf die Submodalitäten der einzelnen Elemente.
Wie sind die visuellen Bestandteile beschaffen, die auditiven und die kinästhetischen Bestandteile?
Nun gleichen Sie die Submodalitäten der Bestandteile Ihrer ursprünglichen hemmenden Synästhesie den Bestandteilen der aktivierenden Synästhesie an und bringen sie in die entsprechende Position. D.h., Sie ändern die Struktur Ihrer Zielvorstellung.
Hierbei müssen Sie flexibel sein und experimentieren. Ziel ist es, Ihre Zielvorstellung innerlich so zu repräsentieren, dass Sie absolut sicher sind Ihr Ziel zu erreichen. Zusätzlich können Sie auch hier

die Ankertechnik mit verwenden, indem Sie das zuversichtliche Gefühl Ihrer Referenzerfahrung ankern und später in das neu struktuierte Zielerlebnis einfliessen lassen. Wie das Ankern funktioniert erfahren Sie auf Seite 100.

Betrachten Sie alle Vorgehensweisen der NLP-Techniken als Vorschläge.
Das heißt, Sie müssen nicht unbedingt exakt so vorgehen wie hier geschildert, im Gegenteil, viel wichtiger ist es flexibel zu sein und diese Techniken Ihren individuellen Gegebenheiten anzupassen.
Gerade die Submodalitäten der einzelnen Repräsentationssysteme sind von Mensch zu Mensch individuell verschieden und die Strukturen der Submodalitäten sind es, die Gefühle verstärken oder schwächen.
Lernen Sie Ihre ganz persönliche Art kennen, wie Sie Ihre Submodalitäten organisieren und was sie bei Ihnen bewirken.
Experimentieren Sie mit verschiedenen Vorstellungen, listen Sie Ihre Submodalitäten für die einzelnen Repräsentationssysteme auf, z.B.

Visuell:
schwarz weiß oder farbig, hell / dunkel, groß / klein, Bild oder Film, 3- Dimensional oder flach, Bewegung schnell oder langsam, klar oder verschwommen, nah / fern, mit oder ohne Rahmen, links oder rechts, oben oder unten lokalisiert und andere mehr.
versuchen Sie neue hinzuzufügen usw..

Fassen wir zusammen:

1. Sie haben Ihre Ziele schriftlich formuliert (und in eine zeitliche Reihenfolge gebracht.)
2. Sie haben sichergestellt, dass zwischen Ihren einzelnen Zielen keine Konflikte bestehen.
3. Sie haben Ihr Ziel so modifiziert, dass Sie mit allen Folgen leben können.
4. Sie haben eventuelle Vorbehalte (Glaubensmuster etc.) bearbeitet.
5. Sie haben die Unterschiede Ihres inneren Erlebens in Bezug auf Erwartung, Zweifel, etc. erforscht.
6. Sie haben eine optimale Zielvorstellung (inneres Erleben),

Wenn Sie sorgfältig gearbeitet haben, müsste nun der Gedanke an Ihr Ziel bei Ihnen ein Zustand von freudiger Erwartung auslösen.
Tut er dies?

Der nächste Schritt besteht nun darin, Ihrem Unterbewusstsein den offiziellen Auftrag zu erteilen, Ihr Ziel zu realisieren. Dies tun Sie am besten im schon erwähnten Alphazustand.
Wenn Sie ein inneres Erleben ständig wiederholen und dies evtl. noch in einem hypnoiden Zustand (Alphazustand) tun, erzielen Sie damit eine dauerhafte, machtvolle Wirkung, Sie programmieren Ihr gesamtes Nervensystem entsprechend Ihrer Vision.
Mit der folgenden Technik können Sie den Alphazustand sehr schnell erreichen:

Der Alphazustand

Sobald Sie Ihre Augen schliessen, sich körperlich entspannen, tief und ruhig atmen, beginnt Ihr Gehirn vermehrt Alphawellen zu produzieren, daher der Name Alphazustand. Im Alphazustand ist Ihr Gehirn besonders aufnahmebereit. Untersuchungen haben ergeben, wenn man die Augen schließt und mit geschlossenen Augen in Richtung seiner Nasenwurzel schaut, beginnt das Gehirn schon nach ca. 20 Sekunden vermehrt Alphawellen zu produzieren.
Legen Sie sich bequem auf den Rücken oder nehmen Sie eine bequeme Sitzhaltung ein, dann spannen Sie für einen Moment alle Muskeln Ihres Körpers maximal an und halten diese Spannung für ca. 5 bis 10 Sekunden, hiernach lassen Sie los und lassen alle Muskeln sich entspannen. Sie brauchen dafür nichts weiter zu tun als loszulassen, den Rest machen Ihre Muskeln von selbst. Schließen Sie die Augen und beobachten Sie Ihre Atmung. Lassen Sie Ihren Körper von selbst atmen, einfach nur beobachten. Dann geben Sie sich in Gedanken folgende Suggestionen:

„Ich bin vollkommen entspannt und ruhig. Ich bin einfach nur da und beobachte, wie mein Körper immer mehr und mehr losläßt, meine Atmung ist vollkommen ruhig und gleichmäßig und mit jedem Atemzug fühle ich mich wohler, ruhiger und gelöster. Meine Beine sind vollkommen gelöst und entspannt, mein Becken ist vollkommen gelöst und entspannt. Mein Rücken, vollkommen gelöst und entspannt, Mein Bauch, vollkommen gelöst und

entspannt. Deutlich spüre ich das Heben und Senken meines Bauches beim Atmen und ich weiß, mit jedem Einatmen kann ich noch mehr Ruhe aufnehmen, mit jedem Ausatmen noch mehr loslassen. Es ist ein angenehmer Zustand in dem ich mich immer tiefer und tiefer einsinken lasse. Auch meine Brust, meine Schultern, alles ist vollkommen locker jetzt, und so kann es weitergehen jetzt, mein Hals, mein Nacken, mein Gesicht, alles vollkommen locker und gelöst. Ich fühle mich wohl, meine Atmung ist vollkommen ruhig und gleichmäßig, und ich sinke immer tiefer und tiefer in diesen angenehmen Zustand der Ruhe und Gelöstheit. Ich bin vollkommen offen und aufnahmebereit jetzt, und erlebe innerlich ganz klar und deutlich wie ich .....
hier beschreiben Sie dann in allen Einzelheiten, wie Sie Ihr Ziel erleben, wie Sie sich dabei fühlen, was Sie im Einzelnen wahrnehmen. Tun Sie dies mit Begeisterung, schwärmen Sie davon wie großartig es ist, usw...
Schließen Sie diesen Vorgang mit einer positiven Affirmation ab. Dies ist eine positive Selbstaussage. Zum Beispiel:

„Ich genieße es so zu leben, ich weiß, dass es mir zusteht und dass ich es Wert bin“.

Nach Ihrer possitiven Affirmation beenden Sie den Vorgang indem Sie wahlweise einschlafen, falls Sie die Übung abends in Ihrem Bett machen oder sich wieder ins normale Wachbewußtsein zurückholen mit folgenden Worten:

„In wenigen Minuten bin ich wieder vollkommen wach und fühle mich sehr wohl und ausgeruht. Ich bewege nun meine Arme, meine Beine (tun Sie es!) und bin vollkommen wach und fühle mich wohl, Jetzt öffne ich meine Augen und bin ganz im hier und jetzt (Augen öffnen!).

Sie müssen sich nicht unbedingt Wort für Wort an den hier vorgegebenen Text halten, betrachten Sie diesen Text als grobes Schema. Evtl. müssen Sie Ihn erweitern, später wenn Sie regelmäßig üben, erreichen Sie den Alphazustand in wenigen Sekunden auch in einer turbulenten Umgebung. Wenn Sie sich vollkommen im Alphazustand befinden, können Sie diesen auch ankern um sich später den Zugang zum selben Zustand zu vereinfachen.

Sollten Sie Schwierigkeiten mit dem Alphazustand haben, kann ich Ihnen eine CD empfehlen. Eine gute CD mit Doppelinduktion wird gerade im Hypnose Institut Phoenix produziert. Doppelinduktion heisst, dass Sie auf beiden Ohren unterschiedliche Botschaften hören. So wird der Sprachverarbeitungsmechanismus überlastet und die Worte sprechen direkt das Unbewußte an.

Verankern Sie ihren Erfolg

Ist ein weiteres, sehr wirksames Instrument inneres Erleben zu beeinflussen.
Beim Ankern wird ein äusserer Stimulus mit einem inneren Zustand verbunden, es handelt sich um einen bedingten, einen konditionierten Reflex! Ein Beispiel aus der Psychologie soll es Ihnen verdeutlichen:
Das Hundeexperiment von Pawlow. Ich weiss, es ist ein alter Hut aber denken Sie auch mal an die Leser die nicht Psychologie studiert haben.
Der russische Wissenschaftler Pawlow maß die Speichelabsonderung seiner Hunde beim Füttern. Jedesmal, wenn er seine Hunde fütterte, ließ er eine Glocke ertönen. Schon nach kurzer Zeit genügte der Glockenton, um eine erhöhte Speichelabsonderung zu bewirken.

Im Gegensatz dazu ist zum Beispiel das Zusammenziehen der Pupille bei Lichteinfall ein unbedingter Reflex – er muß nicht erlernt werden.

Nach diesem Prinzip können Sie verschiedene Gefühle bei sich und anderen verankern. Voraussetzung für ein erfolgreiches Ankern ist:

- Das zu ankernde Gefühl sollte seinen Höhepunkt erreicht haben.
- Der Ankerreiz muß unverkennbar und für ein bestimmtes Gefühl
- immer der gleiche Reiz sein.

- Das Ankern muß so oft wiederholt werden, bis der Anker sitzt.

Auf diese Weise können Sie sich den Alphazustand ankern.

Sie können jedoch auch jedes andere Gefühl ankern und bei Bedarf jederzeit abrufen!
Zum Beispiel Ihre optimale Erfolgsstimmung.

Beispiel:
Sie arbeiten im Verkauf und müssen ständig aufs neue zum Kauf/Abschluß begeistern und motivieren. Sie erinnern sich an Ihre größten Verkaufserfolge! An das berauschende Gefühl usw.!

Ihr Ziel:
Sie möchten auf Abruf dieses begehrte Gefühl zur Verfügung haben.

Ihr Weg:
Schließen Sie die Augen, und kehren Sie zurück in die Situation, die Ihrem begehrten Gefühl am meisten entspricht.
Was haben Sie damals gehört, gesehen, wie haben Sie sich gefühlt?
Kehren Sie mit allen Sinnen zurück in diese Situation – schwelgen Sie in Ihrem Erfolgsgefühl. Wenn Sie den Höhepunkt erreicht haben, ankern Sie dieses Gefühl, pieken Sie einfach mit Ihrem Daumennagel in den Nagelfalz ihres Zeigefingers (kräftig pieken!)

Sie könnten auch jede andere Stelle Ihres Körpers und auch andere Signale benutzen, aber die Nagelfalztechnik hat sich in der Praxis bestens bewährt. Zudem ist sie unauffällig und kann immer und überall eingesetzt werden.
Wiederholen Sie das Ankern so oft, bis allein das Nagelfalzpieken Ihr Hochgefühl auslöst.
Wie lange das dauert, ist individuell verschieden (manche Menschen brauchen nur eine Wiederholung!), aber es funktioniert bei jedem.
So können Sie an jedem Ihrer Finger bestimmte Gefühle ankern. Achten Sie jedoch darauf, dass Sie nicht mit mehreren Ankern gleichzeitig arbeiten!

Ankern funktioniert nur, wenn Sie zum Zeitpunkt des Ankerns das entsprechende Gefühl auch erleben!

Sie werden im Verlauf dieses Buches mit weiteren sehr interessanten Methoden und Techniken konfrontiert werden. Betrachten Sie diese als Erfolgsbausteine, und verarbeiten Sie sie Schritt für Schritt. Lesen Sie bis zum Ende, und entscheiden Sie dann, ob und in welcher Reihenfolge Sie Ihr Leben neu organisieren wollen.

Erleben Sie innerlich alles so, als wäre es auch äußerlich schon real.
Sie schaffen damit eine neue „Innere Realität!“

Ihr Unterbewußtsein ist immer bestrebt, die äußere Realität mit der inneren Realität in Übereinstimmung

zu bringen – und Ihr Unterbewußtsein muß reagieren. Nach diesen Prinzipien haben Sie Ihr ganzes bisheriges Leben gestaltet.
Gestalten Sie Ihr inneres Erleben bis ins Detail!
Erleben Sie alles mit Gefühl! Achten Sie von Anfang an darauf, daß Sie alles mit dem entsprechenden Gefühl erleben. Freude, Sicherheit, Begeisterung, etc. Erwarten Sie die Ergebnisse Ihrer mentalen Arbeit! So wie Sie von Ihrem Fernsehapparat ein Bild erwarten, wenn Sie Ihn einschalten; so wie Sie das wohlbekannte Geräusch Ihres PKW erwarten, wenn Sie den Zündschlüssel umdrehen.

Warum ist die Alphaübung so wichtig?

Bisher haben Sie diese geistigen Gesetze mehr oder weniger unbewußt angewendet. Dadurch sind zwangsläufig auch Elemente eingeflossen (Zweifel, Ängste, etc.), die nicht auf Ihr eigentliches Wunschziel ausgerichtet sind.
Mitunter haben sich dabei auch sogenannte negative Glaubensmuster gebildet, (z.B., daß man für Erfolge sehr hart arbeiten muss, usw.).
Im Alphazustand ist unser Unterbewußtsein so aufnahmebereit, dass sich viele dieser Negativprogrammierungen überschreiben lassen.
Der Schaden jahrelanger Unachtsamkeit läßt sich oftmals mit 10 bis 20 intensiven Alphasitzungen beheben.
Wichtig ist dabei, dass Sie diese angenehmen Übungen mit wirklicher Begeisterung ausführen. Und vor allen Dingen regelmäßig!

Gestatten Sie Ihrem Unterbewußtsein eine genügend lange Anlaufphase. Die Länge dieser Anlaufphase ist individuell verschieden.
Der ganze Vorgang ist sehr gut zu vergleichen mit einem Schlauchsystem. Stellen Sie sich vor, Sie haben einen Trichter, an dem ein längerer Schlauch angeschlossen ist, Ihr ganz persönlicher Realisierungsmechanismus. Bisher haben Sie in diesen Trichter unkontrolliert alles mögliche hineingegossen (Wünsche, Zukunftspläne, Zweifel, Ängste, negative Gedanken etc.). Entsprechend werden die nächsten Ergebnisse sein.
Jetzt beginnen Sie, gezielt und kontinuierlich nur ausgewähltes Material hineinzugießen (positive Gedanken und Zielvorstellungen) und früher oder später können Sie mit (kontinuierlichen) positiven Ergebnissen rechnen.

Füllen Sie den Trichter mit Ihren positiven Zielvorstellungen, und achten Sie peinlich darauf, dass er niemals leerläuft!

Sie tanken Ihr Auto schliesslich auch auf bevor der Tank leer ist – oder?
Achten Sie auch darauf, dass keine negativen Gedanken mit einfließen können, wie z. B. Zweifel an Ihrem Erfolg.
Halten Sie Ihr Schlauchsystem kontinuierlich mit positiven Erwartungen gefüllt!
So wie Sie Ihr Auto auch nur mit dem geeigneten Treibstoff tanken!

Füllen Sie Ihren „Mentalen Trichter“ regelmäßig auf!

Ein nur gelegentlich ausgeführtes Mentaltraining läßt zwangsläufig auch Zweifel am Erfolg aufkommen. Widmen Sie sich dieser Sache daher täglich 30 Minuten! Sie erreichen damit, dass Sie Schicht für Schicht Ihre unbewussten Ebenen positiv ausrichten. Eine Sache die man über einen längeren Zeitraum regelmässig ausführt (falls nötig auch gegen innere Widerstände) fördert und entwickelt die Fähigkeit des **„Beabsichtigen“**, eine Fähigkeit die in jedem Menschen im Keim vorhanden ist.

Letzter Schliff

Sehen Hören

Inneres Erleben

Riechen

Fühlen Schmecken

Alpha

Ankertechnik

Synästhesien

ZIELGESTALTUNG

Glaubensmuster und persönliche Geschicht

Als nächstes wollen wir uns mit den noch offenen Themen befassen, mit Ihren Glaubensmustern, Ihrer Identität und Ihrer persönlich zur Verfügung stehenden Energie. Diese Themen stehen in einem engen Zusammenhang, und ergeben sich aus Ihrer persönlichen Geschichte

Die persönliche Geschichte eines Menschen bildet die Grundlage für sein späteres Verhalten. Die persönliche Geschichte eines Menschen für sein gegenwärtiges Leben beginnt im Augenblick der Zeugung. Es ist erwiesen, dass jeder Augenblick im Leben eines Menschen abrufbar/erinnerbar ist.

Das heißt, alles was Sie je erlebt haben ist auf Ihrer Biofestplatte gespeichert, dies betrifft alle Sinneswahrnehmungen.

Durch den Prozeß der Erziehung und insbesondere den Erwerb der Sprache, beginnt der Mensch seine Sinnesdaten entsprechend zu interpretieren. Aus diesem Grund erlebt jeder Mensch die Welt auf unterschiedliche Art und Weise.

Was für den Einen ein unbedeutendes Erlebnis darstellt, kann für einen Anderen eine traumatische Erfahrung sein. Das heißt, je nachdem wie ein Mensch seine Sinnesdaten interpretiert, empfindet er Freude oder Leid.

Wenn ein Mensch geboren wird, ist er von seiner Umwelt vollkommen abhängig.

Sein biologisches Überleben liegt in den Händen seiner Umwelt. Die Ursache für eventuelle spätere Probleme kann sogar schon vor der Geburt, in der Schwangerschaft liegen.

Hat das ungeborene Wesen das Gefühl unwillkommen zu sein, ob berechtigt oder nicht, kann dies sein späteres Verhalten und Empfinden stark beeinträchtigen.

Angst ist die Mutter allen Übels und alle Ängste sind letztendlich auf die Überlebensangst zurückzuführen.
Von Natur aus haben alle biologischen Systeme als oberste Priorität das Überleben mit auf den Weg bekommen. Das Ungeborene als auch das Kleinkind will überleben. Sein Überleben ist davon abhängig ob es akzeptiert wird, ob es geliebt wird.
Dies ist der Grund, warum viele ursprüngliche Persönlichkeitsanteile nicht gelebt werden, und warum es zur Entstehung einer Scheinpersönlichkeit kommt.

Solange sich dies alles innerhalb bestimmter gesellschaftlicher Normen abspielt gilt ein Mensch als gesund oder normal, werden diese Normregeln überschritten, hat der Mensch ein Problem.

Wie krank oder annormal die verschiedenen Gesellschaftssysteme sind und ob man sich um jeden Preis einordnen/anpassen sollte, muss jeder für sich selbst entscheiden.

Hier soll lediglich das Prinzip dargestellt werden, sowie Möglichkeiten, regulierend einzugreifen.
Ein Kind, das immer wieder von seiner Umwelt gebremst wird, zum Stillsein, usw... ermahnt wird, wird diesen Teil von sich früher oder später nicht

mehr ausleben. Das heißt, ein Teil der Persönlichkeit wird abgespalten und durch einen anderen (künstlichen) Teil (Tarnung) ersetzt – nämlich das Verhalten, von dem es glaubt, das von ihm erwartet wird.
Dies bedeutet einen enormen Energieverlust. Wenn man sich nun den gesamten Erziehungsprozess vor Augen führt, bekommt man eine Vorstellung davon, wieviel Potential blockiert wird.
Da dieser Prozess über viele Jahre andauert und in der Regel schleichend ist, bemerkt kaum jemand seine eigene Entfremdung.
So tragen wir alle mehr oder weniger abgespaltene Teile in uns. Wir benötigen enorm viel Energie, um all diese Teile unter Kontrolle zu halten und weitere Energie, um die Scheinpersönlichkeit (Tarnung) aufrecht zu erhalten.
Gelingt es Ihnen auch nur einen dieser Teile wieder zu integrieren, spüren Sie die Wirkung sofort. Sie fühlen sich leichter, unbeschwerter und energievoller. Langfristig verändert sich Ihr Verhalten sehr zum positiven. Sie werden freier und kongruenter.

Machen Sie folgenden Versuch:
Suchen Sie sich ein Erlebnis aus Ihrer frühen Kindheit, ein Erlebnis bei dem man Ihnen ein Verhalten verboten hat, ein Erlebnis bei dem Sie zu einer Verhaltensänderung gezwungen wurden, sei es durch Androhung von Strafen, Liebesentzug, Schläge oder dergleichen mehr. Sollten Sie Schwierigkeiten haben, sich konkret zu erinnern, eignet sich auch ein konstruiertes Erlebnis, von dem

Sie wissen oder annehmen, das es so oder ähnlich stattgefunden haben könnte.
Entspannen Sie sich und lassen Sie die Geschehnisse in Ihrem inneren Erleben ablaufen. Sehen Sie das kleine Kind, das Sie einmal waren, spüren Sie seine Gefühle, erkennen Sie seine Gedanken und Wünsche. Versetzen Sie sich möglichst vollständig in die Lage des Kindes, das Sie einmal waren, spüren Sie die Trauer, die Enttäuschung und die Ängste, gehen Sie das Erlebnis vollständig durch. Richten Sie Ihre Aufmerksamkeit auf möglichst viele Details der verschiedenen Sinneswahrnehmungen.
Gehen Sie zu diesem Kind hin, nehmen Sie es in Ihre Arme und zeigen Sie Verständnis. Erklären Sie dem Kind, warum die einzelnen Beteiligten damals so handelten. Verurteilen Sie niemanden, auch wenn die Situation noch so ungerecht war, sondern erklären Sie, dass es bestimmten Beteiligten evtl. an den nötigen Fähigkeiten gefehlt hat, angemessen zu reagieren usw.
Zum Schluß versprechen Sie dem Kind, dass Sie es nun nicht mehr allein lassen werden, dass Sie es nicht mehr verstoßen werden, und dass Sie sich immer um es kümmern werden. Vielleicht stellt das Kind Ihnen Fragen, reden Sie mit ihm. Der Prozeß ist beendet, sobald Sie das sichere Gefühl haben, dass nun alles in Ordnung ist.

Durch diesen Prozeß werden abgespaltene Persönlichkeitsanteile wieder integriert und die damit verbundenen seelischen Konflikte gelöst. Es kommt bei diesem Prozeß nicht darauf an, ob sich die

damalige Situation exakt so abgespielt hat, wie Sie sie nun erleben sondern darauf, das Sie die Situation so nehmen, wie sie Ihr Unterbewußtsein präsentiert.
Dies ist auch der Grund warum es nichts ausmacht, wenn Sie keine konkreten Erinnerungen an bestimmte Situationen haben, entscheidend ist Ihre innere Repräsentation der Situation, denn diese ist es auch, die Ihr Verhalten, Ihre Gefühle etc. bestimmt.
Ihr System bekommt auf diese Art die Möglichkeit, Dinge zu regulieren, zu denen es zur damaligen Zeit noch nicht in der Lage war.
Als Kind waren Sie noch nicht in der Lage bestimmte Dinge zu verstehen, bestimmte Sachverhalte zu erkennen und so entstand ein Konflikt, der nie gelöst wurde.
Physisch könnte man es als neurale Kurzschlüsse im Nervensystem bezeichnen, die nun repariert werden.

Diese Reintegrationsübung können Sie beliebig oft für verschiedene Lebensphasen durchführen, Sie geht schnell und ist sofort wirksam, und mit jedem mal sind Sie ein Stück mehr Sie selbst. Wahrscheinlich werden Sie bemerken, dass Sie durch diese Übung auch immer mehr Details Ihres Lebens erinnern können, dies ist das Resultat der Tatsache, dass Sie nun über mehr Energie verfügen.

Zusammenfassung:
Reintegration abgespaltener Persönlichkeitsanteile

1. Erlebnis aus der Kindheit bestimmen
2. Das Erlebnis in allen Einzelheiten beobachten
3. Sich mit dem Kind assoziieren
4. Körperkontakt mit dem Kind herstellen – in die Arme nehmen.
5. Den Sachverhalt erklären mit dem Ziel: Erkenntnis, Verständnis.
6. Dem Kind seine volle Loyalität zusichern, versprechen, es nie mehr zu verstossen.
7. Sich versichern, dass das Kind verstanden hat das der Teil integriert ist.

Arbeiten mit Glaubensmustern

Nun können wir mit der eigentlichen Arbeit beginnen. Im Folgenden werde ich Ihnen anhand eines konstruierten Beispiels die Arbeit mit der Zeilinie vorstellen. Arbeiten mit der Zeitlinie basiert teilweise auf den gleichen Prinzipien wie die vorhergehende Übung, die Integration abgespaltener Teile, allerdings ist sie noch viel umfangreicher einsetzbar. Mit dieser Methode können Sie ungelöste seelische Konflikte heilen und negative Glaubensmuster durch positive Glaubensmuster ersetzen. In unserem Beispiel nehmen wir an es geht um Ihr Wunschgewicht, Sie haben den Wunsch abzunehmen. Stellen Sie sich eine imaginäre Linie auf dem Boden vor. Sie können auch eine wirkliche

Linie auf den Boden malen oder ein langes Seil auslegen. Nun stellen Sie sich vor, dass sich rechts von Ihnen die Zukunft, links von Ihnen die Vergangenheit und direkt vor Ihnen die Gegenwart befindet. Nun betreten Sie die Zeitlinie, mit dem Gesicht der Zukunft zugewand. Schauen Sie in die Zukunft und gestalten Sie Ihr Ziel. Sehen Sie sich dort in der Zukunft, so als hätten Sie Ihr Ziel vollständig erreicht. Ihr Wunschgewicht mit allem was dazugehört. Wie würden Sie aussehen, sich fühlen, bewegen, was würden Sie hören, usw... Nehmen Sie sich soviel Zeit wie Sie brauchen.

Dann gehen Sie langsam in die Zukunft, bis zu einem Punkt von dem Sie glauben, Ihr Ziel erreicht zu haben. Während Sie sich Ihrem Zukunftsideal nähern, assoziieren Sie immer mehr, gehen Sie voll in Ihre Zielvorstellung. Sobald Sie den entsprechenden Punkt auf Ihrer Zeitlinie erreicht haben, sollten Sie vollkommen in Ihrer Vision aufgehen, Ihr Körper sollte tatsächlich dieses gute Gefühl, das Sie haben werden zum Ausdruck bringen. Tun Sie wirklich so, als hätten Sie Ihr Ziel erreicht.

Sobald Sie wirklich dieses gute Gefühl spüren, die Zufriedenheit, usw., ankern Sie dieses Gefühl. Auf diese Art finden Sie später einen schnelleren Zugang zu diesem inneren Zustand. Nun markieren Sie die Stelle auf der Zeitlinie und kommen in die Gegenwart zurück. Verlassen Sie die Zeitlinie gegenüber der imaginären Gegenwart.

Schauen Sie in Ihre Zukunft, betrachten Ihr zukünftiges Selbst. Versuchen Sie dieses Selbst dort in der Zukunft so gut als möglich wahrzunehmen.

Sagen Sie sich selbst - das bin ich wenn ich mein Ziel erreicht habe -, mit allen Vorzügen, die Ihnen das Ziel so erstrebenswert erscheinen lassen und fragen Sie sich selbst:

„Was hindert mich daran dieses wunderbare Ziel zu erreichen?"

Vielleicht lautet Ihre Antwort:

„Ich muss einfach gut essen, damit ich mich wohl fühle, wenn ich nicht genug esse, fehlt mir etwas".

Eine Formulierung der Glaubensebene. Das heißt, in diesem Fall wäre es (vorerst zumindest) sinnlos eine Diät anzufangen, oder andere übliche Massnahmen zur Gewichtsreduktion einzuleiten. Sie müssen den Ursprung des Glaubensmusters finden.

Begeben Sie sich erneut auf die Zeitlinie, wieder mit dem Gesicht der Zukunft zugewand. Wiederholen Sie Ihren Glaubenssatz .

„Ich muss einfach gut essen, damit ich mich wohl fühle, wenn ich nicht genug esse, dann fehlt mir etwas."

Gehen Sie nun langsam rückwärts in Ihre Vergangenheit und achten Sie darauf, wo dieser Glaubenssatz seinen Ursprung hat, wo gehört er hin? Gehen Sie langsam zurück, bis Sie das Gefühl haben: ja, hier ist es richtig. Ist dieser Punkt lokalisiert, können entsprechende Fragen gestellt werden, zum Beispiel:

„Was fehlt mir, wenn ich nicht gut esse? Woran erkenne ich, ob ich gut esse? Etc."

Je nach Antwort verfahren Sie weiter. Nehmen wir an, Ihre Antwort lautet:

„In meiner Familie haben alle Übergewicht und alle essen gut, und wenn ich nicht gut esse, dann fehlt irgendetwas.“

Frage:

„Wenn ich hier in der Vergangenheit nicht gut essen würde, was würde am meisten fehlen?“

Antwort:

„Irgendwie ist da eine Leere, ich würde mich nicht mehr sicher fühlen, reichliches Essen gibt mir ein Gefühl von Sicherheit, von Schutz.“

Frage:

„Was fühle ich hier in der Vergangenheit bei der Vorstellung schlank zu sein, so zu sein wie der andere Teil dort in der Zukunft?“

Antwort:

„Irgendwie ist es unangenehm, ich wäre ganz anders als sie (die Familie), als würde ich nicht mehr zu ihnen gehören, eine große Leere, Einsamkeit.“

(Haben Sie aufgepaßt? Hier erfolgte ein Wechsel, von der Glaubensebene zur Identitätsebene !)

Ankern Sie auch dieses Gefühl (andere Hand) und kehren Sie zurück in die Gegenwart und verlassen Sie die Zeitlinie.

Zum besseren Verständnis schauen Sie sich die

Abbildung auf der nächsten Seite an.

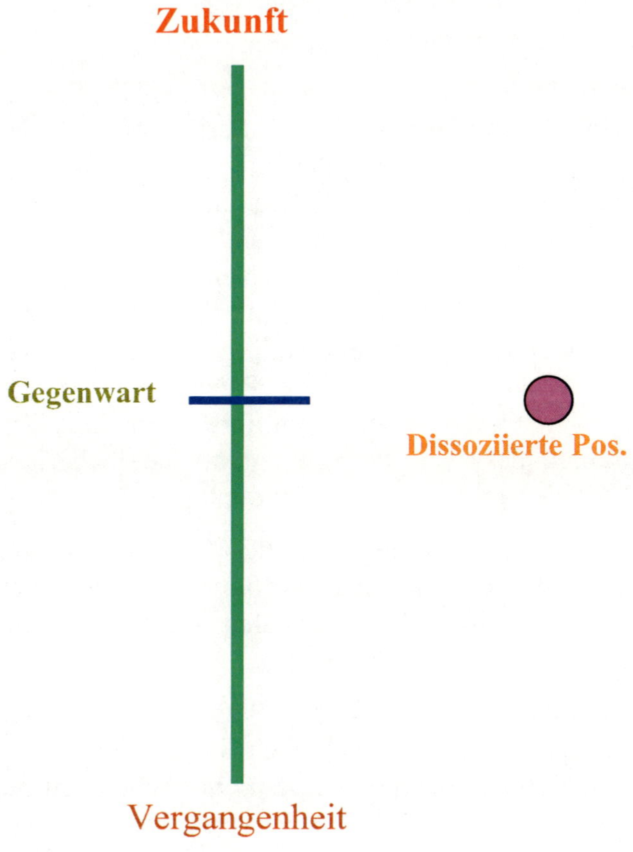
Zukunft
Gegenwart
Dissoziierte Pos.
Vergangenheit

Nun, da Sie sich wieder in der dissoziierten Position befinden, werden alle bisherigen Fakten noch einmal zusammengefasst:

Hier in dieser Position sind Sie weder die Person dort in der Zukunft, noch die Person dort in der Vergangenheit. Beide Personen, die in der Vergangenheit und die in der Zukunft haben positve Absichten, und Sie wollen nun versuchen diese positiven Absichten auf einen Nenner zu bringen. Diese Person dort in der Zukunft möchte ein Idealgewicht haben, gesund sein, gut aussehen, sich gesund ernähren. Die andere Person dort in der Vergangenheit ist besorgt um ihre Sicherheit, sie befürchtet, dass sie den Schutz und die Sicherheit der Familie verliert, wenn sie anders ist.

Gehen Sie nun wieder auf der Zeitlinie in die Zukunft, fühlen Sie sich vollkommen dort ein, benutzen Sie Ihren Anker um den inneren Zustand der Zukunft zu unterstützen.

Dann schauen Sie sich die Person dort in der Vergangenheit an, sie macht sich Sorgen um Schutz und Sicherheit, Sie hat Angst nicht mehr dazu zu gehören, Angst die Familie zu verlieren, wenn sie sich verändert. Sie hat Angst, dass Sie Ihre Sicherheit bedrohen. Wie denken Sie darüber?

Möchten Sie, dass diese Person dort in der Vergangenheit ihren Schutz und ihre Sicherheit verliert?

Nehmen wir an Ihre Antwort lautet:

„Das ist Unsinn, ich lebe schon lange nicht mehr bei meiner Familie. Ich will einfach nur gesünder leben, besser aussehen.“

Hier ist schon klar zu erkennen, dass es beiden Persönlichkeitsteilen im Prinzip um das Gleiche geht. Gesünder leben deutet auf Überleben hin, wer gesünder lebt, dessen Chancen zu Überleben sind größer. Und warum will ein Mensch besser aussehen, attraktiver sein? Er will akzeptiert und geliebt werden, dazu gehören, etc. Letztendlich auch hier wieder die Sicherung des Überlebens.

Nun verlassen Sie die Zeitlinie wieder und kehren in die dissoziierte Position zurück. Hier in der dissoziierten Position machen Sie sich klar, dass der Teil dort in der Zukunft im Grunde genommen dieselben Intentionen hat wie der Teil in der Vergangenheit, nämlich Schutz, Sicherheit, geliebt werden, Überleben.

Daraufhin begeben Sie sich auf der Zeitlinie wieder zur Person in der Vergangenheit, benutzen Sie Ihren Anker, um wieder vollständig den inneren Zustand dieser Person zu erleben.

Schauen Sie sich nun aus der Sicht der Vergangenheitsperson die Person dort in der Zukunft an. Sie möchte gesund leben und schlank sein, und sie hofft auf Ihre Unterstüzung, wie denken Sie darüber?

Möglicherweise denkt die Vergangenheitsperson, dass diese Dinge alle nicht so wichtig sind, wie Geborgenheit und Sicherheit, vielleicht macht es ihr Angst, sich durch eine so starke Veränderung von allem Vertrauten zu entfernen, der Teil dort in der Zukunft ist völlig fremd.

Auch hier ist wieder zu erkennen, dass es beiden Teilen im Prinzip um das gleiche Ziel geht.

Während die Persönlichkeit der Zukunft das Ziel durch Flexibilität und Veränderung erreichen will, beharrt die Person der Vergangenheit auf altbewährte Muster.

Nun gehen Sie wieder in die dissoziierte Position zurück und versuchen herauszufinden, welche Fähigkeiten der beiden Personen sich ergänzen. Das heißt, welche Fähigkeiten hat die Person der Vergangenheit, die der Person der Zukunft fehlen und umgekehrt?

Die Person der Zukunft beispielsweise, hat die Fähigkeit der Flexibilität, die Bereitschaft neues auszuprobieren. Die Person der Vergangenheit hingegen zeichnet sich durch große Beharrlichkeit aus. Zwei Eigenschaften die bei Gewichtsreduzierung von großem Nutzen sind.

Im nächsten Schritt kommt es zum Austausch der Fähigkeiten. Kreieren Sie von der dissoziierten Position aus ein neues Bild der Persönlichkeit, die beide Fähigkeiten in sich vereint, Beharrlichkeit und Flexibilität. Eine Person, die sich auch dann noch sicher fühlt, wenn sie sich verändert und neue Lebensweisen testet. Dieses neue Persönlichkeitsprofil überbringen Sie dann dem Teil in der Vergangenheit.

Gehen Sie mit dieser Vision zurück und verschmelzen Sie mit der Person der Vergangenheit, nehmen Sie sich soviel Zeit wie Sie benötigen.

Sobald Sie dieses Manöver ausgeführt haben schauen Sie in die Zukunft, diese Person hat ein sehr erstrebenswertes Ziel. Diese Person dort in der

Zukunft möchte gesünder leben, ihr Idealgewicht erreichen und attraktiver sein. Sie haben eine sehr wertvolle Eigenschaft, die diese Person dort in der Zukunft benötigt, die Eigenschaft der Beharrlichkeit. Gehen Sie nun in die Zukunft und überbringen Sie dieser Person diese Eigenschaft der Beharrlich keit.

Der Vorgang muss sich nicht auf nur eine Eigenschaft beschränken, es können durchaus mehrere Fähigkeiten sein. Im nächsten Schritt bringen Sie die Fähigkeiten der Zukunftsperson in die Vergangenheit.

Gehen Sie zurück in die Vergangenheit und überbringen Sie Ihre Fähigkeiten, gehen Sie vollständig in die Person der Vergangenheit mit allem Mut und aller Flexibilität, die Sie haben, nehmen Sie sich soviel Zeit wie Sie brauchen."

Danach kehren Sie in die dissoziierte Position zurück

Schauen Sie sich nun aus dieser Perspektive die beiden Personen an, beide haben dieselben Ziele. Stellen Sie sich nun vor, wie diese beiden Personen auf der Zeitlinie aufeinander zugehen, stellen Sie sich vor, Sie nehmen beide in Ihre Hände und führen Sie zusammen, so dass Sie sich am Punkt der Gegenwart direkt vor Ihnen auf der Zeitlinie vereinigen, zu einer Person verschmelzen.

Sie haben nun diese beiden Teile Ihrer Persönlichkeit auf der Zeitlinie vereinigt, überprüfen Sie noch einmal von Ihrer dissoziierten Position aus, ob die Sache so in Ordnung ist. Wenn Sie diesem neuen

Persönlichkeitsprofil zustimmen, treten Sie auf die Zeitlinie und gehen Sie vollständig in dieses neue Profil hinein, verschmelzen Sie mit ihm. Dann wenden Sich sich der Zukunft zu und gehen in die Zukunft.

Ende des Prozesses.

Sollten bei der Überprüfung irgendwelche Konflikte auftreten, werden diese durch denselben Prozeß bearbeitet. Es ist auch durchaus möglich, dass sich während des Prozesses neue Fakten ergeben, neue Probleme auftauchen etc. Dann ist es erforderlich, dass man sich der neuen Situation anpaßt. Es kann durchaus vorkommen, dass Sie viele Male die Zeitlinie betreten müssen.

Das Prinzip dieser Technik ist recht einfach, und wenn Sie es erst einmal richtig verstanden haben, können Sie die Technik beliebig variieren.

Das Problem aller ungelösten seelischen Konflikte (hierzu zähle ich auch konträre Glaubensmuster und konträre Identitäten) ist, dass sie sich in der Regel nur durch innere Zustände oder körperliche Symptome bis hin zu Krankheiten bemerkbar machen. In der Regel dringen keine konkreten Äusserungen oder Bilder bis ins Bewußtsein vor, das meiste spielt sich hier im Unbewußten oder Vorbewußten ab. Der Betroffene hat also keine Fakten, mit denen er arbeiten könnte. Bewußt wird er nur mit dem Endergebnissen konfrontiert: Er hat Angst, fühlt sich schuldig, unfähig, steht unter Zwang, ist depremiert usw...

Durch Prozesse, wie z.B. den der Zeitlinie, gelingt es eine überschaubare Ordnung herzustellen, Fakten an die Oberfläche zu bringen und die verschiedenen Aspekte räumlich zu lokalisieren. Sie werden durch die dissoziierte Position auch von Ihren Problemen dissoziiert und können so Ihre eigene Situation besser überschauen. Darüber hinaus können Sie Ihre verschiedene Persönlichkeitsaspekte getrennt erleben, was sehr zum Verständnis beiträgt. Je flexibeler Sie mit dieser Methode arbeiten, um so erfolgreicher können Sie sie einsetzen.

Wichtig ist, dass Sie das Prinzip verstehen und fähig sind, diese Methode den jeweiligen Gegebenheiten anzupassen.

Ungelöste seelische Konflikte

An der Ursache eines seelischen Konfliktes waren in der Regel immer mehrere (zumindest zwei) Menschen beteiligt, und zumindest einem dieser Menschen hat die Fähigkeit gefehlt, in dieser Situation angemessen zu reagieren. Je nachdem wie prägend diese Erfahrung für den Betroffenen war, blieb der Konflikt über die Situation hinaus bestehen, und es entstand ein ungelöster seelischer Konflikt. Diese Konflikte schreiben dem Betroffenen zwingend vor, wie er sich in bestimmten Situationen fühlen muss, wie er handeln muss, welche Fähigkeiten er hat, was er darf und was verboten ist, usw..

Erinnern Sie sich an die verschiedenen Ebenen:

Die Identitätsebene – wer bin ich?

Die Ebene der Glaubenssysteme – Werte, Kriterien, warum, weshalb, Gebote, Motivation

Ebene der Fähigkeiten – das wie, die Strategien und inneren Zustände, die Richtung

Ebene der Aktionen – was tue ich, spezifische Verhaltensweisen

Ebene der Umgebung – der äußere Rahmen, wo, wann und die Reaktionen darauf.

Ungelöste seelische Konflikte wirken meist auf der Identitätsebene oder Glaubensebene, was dann alle weiteren Ebenen entsprechend beeinflußt.
Nehmen wir an, Sie haben erkannt, dass Sie trotz optimaler Vorbereitung mit Ihrer Arbeit nicht weiterkommen, Ihr Ziel nicht erreichen. Vielleicht machen Sie immer wieder dieselben Fehler, können bestimmte Verhaltensweisen nicht durchhalten oder andere Anforderungen nicht erfüllen.

Wie begründen Sie in der Regel solche Vorkommnisse?
Was sagen Sie zu sich selbst?
Wie denken Sie darüber?
Was erwarten Sie?
Gibt es da eine bestimmte Formulierung, einen bestimmten Gedanken, der Ihnen vertraut ist, weil Sie die Formulierung/den Gedanken oft benutzen? Z.B.:

Ich bin einfach zu dumm, das steht mir nicht zu, das verstößt gegen.....,
damit würde ich ???? enttäuschen,
das wäre verantwortungslos von mir,
das wäre zwar schön, aber es wird bei mir sowieso nicht funktonieren, weil usw...

Es gibt unendlich viele Möglichkeiten. Erinnern Sie sich an die drei Universalien der Modellbildung: **Generalisierung, Tilgung** und **Verzerrung.** Stellen Sie sich die Frage, was in Ihrer Formulierung generalisiert, verzerrt und/oder getilgt ist. Es handelt sich hier um ein Glaubensmuster, das Glaubensmuster, das Ihre Arbeit behindert.
Formulieren Sie dieses Glaubensmuster und achten Sie darauf, welche Gefühle damit verbunden sind. Fragen Sie sich, wo dieses Glaubensmuster seinen Ursprung hat, gehen Sie in der Zeit zurück, finden Sie die Situation aus der dieses Muster geboren wurde. Sollten Sie hierbei Schwierigkeiten haben, benutzen Sie die Zeitlinie.
Schauen Sie auf der Zeitlinie in die Zukunft, auf Ihr erreichtes Ziel, formulieren Sie Ihren Glaubenssatz und fragen Sie sich selbst:
„Wo hat dieser Glaubenssatz seinen Ursprung, wo gehört er hin?“
Dann gehen Sie langsam auf Ihrer Zeitlinie rückwärts, bis Sie die Situation gefunden haben.
Sie können sich auch fragen:
„Wo in meiner Vergangenheit liegt die Ursache dafür, dass ich dieses Ziel nicht erreiche?“
Achten Sie besonders auf Ihre Gefühle, lassen Sie sich von Ihren Gefühlen und Ihrem Körper führen.

Manchmal waren Erlebnisse so schmerzhaft, dass sie vollkommen aus dem Bewußtsein verdrängt wurden und sich alles dagegen wehrt, die Situation wieder zu erleben. Hier kann es hilfreich sein in kleinen Schritten vorzugehen, indem man sich selbst die Anweisung auf der Zeitlinie gibt, bis unmittelbar vor das Erlebnis zu gehen oder das Erlebnis zu überspringen.

Eine andere Möglichkeit ist ein vermeintliches Erlebnis frei zu erfinden und mit diesem zu arbeiten. Sie können davon ausgehen, dass selbst in einem frei erfundenen Erlebnis Elemente enthalten sind, die mit Ihrer relevanten subjektiven Realität zu tun haben.
Sobald Sie die Situation gefunden oder einen Fall konstruiert haben, ist es wichtig zunächst wieder Ordnung zu schaffen, die Situation überschaubar zu gestalten.
Richten Sie für jede der damals beteiligten Personen einen Platz (z.B mit einem Stuhl für jede beteiligte Person) ein, einschließlich einen Platz für sich selbst.
Zusätzlich dazu richten Sie wieder eine dissoziierte Position für sich selbst ein.
Zum besseren Verständnis schauen Sie sich die Abbildung an.

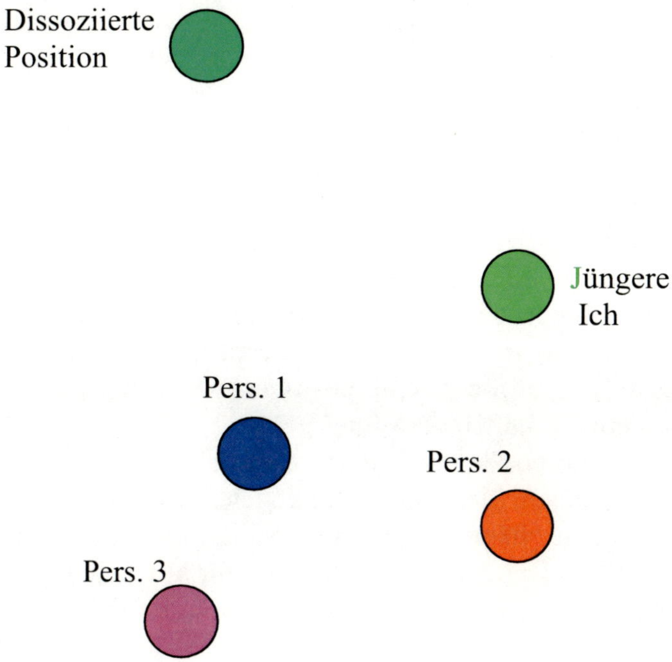

Notieren Sie sich alle vermeintlichen Fakten des Ereignisses aus dem das Glaubensmuster hervorging.
Was ist vorgefallen?
Wer war beteiligt?
Wer hat wie reagiert? (Einschliesslich Sie selbst).
Begeben Sie sich mit Ihren Fakten in die dissoziierte Position und schauen Sie auf das Ereignis.

Beobachten Sie völlig objektiv, ohne Emotionen und Urteile was vorgefallen ist. Beschreiben Sie den Vorfall mit Worten. Z.B.:

P1 hat dies und jenes getan/ nicht getan/ gesagt/ verlangt etc.
P2 hat so und so reagiert usw.... für alle relevanten Personen.
Meine Reaktion war so und so. Ich habe damals diese und jene Schlüsse gezogen/ Glaubenssätze gebildet, weil ich ....
(formulieren Sie hier die positiven Absichten, den Zweck, den Ihre Glaubenssätze erfüllen sollten).
Dann fragen Sie welche positiven Absichten P1 mit seinem Verhalten verfolgte.
So verfahren Sie mit allen beteiligten Personen.
Nun suchen Sie nach Fähigkeiten, die Sie damals gebraucht hätten, um die Situation anders zu gestalten. Das gleiche machen Sie für alle beteiligten Personen – finden Sie für jede Person die Fähigkeit, die sie damals gebraucht hätte, um die Situation positiver zu gestalten.
Sie können den Prozeß unterstützen, indem Sie zum Beispiel zu P1 hingehen, in seine Rolle schlüpfen und sich fragen: „Welche Fähigkeit fehlt mir in dieser Situation?“
Sobald Sie für jeden Beteiligten die nötigen Fähigkeiten gefunden haben, identifizieren Sie sich mit dem entsprechenden Gefühl. D. h., Sie befinden sich in Ihrer dissoziierten Position und haben für Ihr jüngeres Selbst die Fähigkeit „Mut und Selbstvertrauen“ gewählt. Gehen Sie nun in das entsprechende Gefühl von Mut und Selbstvertrauen, erinnern

Sie sich an eine Situation, in der Sie viel Mut und Selbstvertrauen hatten. Gehen Sie voll in dieses Gefühl hinein und ankern Sie es. Halten Sie Ihren Anker und bringen Sie dieses Gefühl nun zur Position Ihres jüngeren Selbst. Identifizieren Sie sich mit Ihrem jüngeren Selbst und spüren Sie Mut und Selbstvertrauen. Kehren Sie in die dissoziierte Position zurück und wenden Sie sich der nächsten Person zu. Nehmen wir an, für P1 haben Sie Einfühlungsvermögen und Verständnis gewählt. Gehen Sie in das Gefühl von Verständnis und Einfühlungsvermögen. Gehen Sie voll in dieses Gefühl hinein und ankern Sie es, halten Sie den Anker und bringen Sie diese Fähigkeiten zu P1. Schlüpfen Sie in seine Rolle und fühlen Sie die neuen Fähigkeiten. Kehren Sie in die dissoziierte Position zurück und verfahren Sie mit allen anderen Beteiligten in beschriebener Weise.
Ziel ist, alle Beteiligten mit einer oder mehreren Fähigkeiten auszustatten, die damals nötig gewesen wären, um die Situation positiv zu gestalten. Anschließend betrachten Sie die Situation aus der dissoziierten Position und überprüfen ob evtl. noch etwas fehlt. Scheuen Sie sich nicht im nachhinein notwendige Korrekturen vorzunehmen.
Wenn alles stimmt, begeben Sie sich in die Position Ihres früheren Selbst, spüren wieder das Gefühl von Mut und Selbstvertrauen (benutzen Sie den Anker!) und beobachten aus dieser Position die neue Version des Geschehens. Hiernach schlüpfen Sie wieder in die Rolle von P1, spüren das Gefühl von Verständnis und Einfühlungsvermögen (Anker!) und beobachten aus seiner Sicht die neue Version des Geschehens. In

der Art verfahren Sie mit allen Beteiligten. Zum Abschluss nehmen Sie wieder die Position Ihres jüngeren Selbst ein, spüren Mut und Selbstvertrauen (Anker) und erleben noch mehrmals die neue Version des Geschehens, damit es sich in Ihrem Nervensystem verankern kann.
Welche neuen Erkenntnisse / Glaubensmuster ergeben sich aus dieser anderen neuen Version des Geschehens? Während Sie diese neue Version mehrmals durchlaufen, modifizieren Sie Ihre diesbezüglichen Glaubensmuster. Dann kommen Sie langsam in die Gegenwart in dem Bewußtsein, dass auch viele andere Situationen, die auf den Weg zur Gegenwart liegen, von diesen neuen Fähigkeiten beeinflußt werden. Während des gesamten Ablaufes halten Sie Ihren Anker für Mut und Selbstvertrauen.

Durch dieses Vorgehen ändern Sie Ihre subjektive Vergangenheit und schaffen tatsächlich neue neurale Bahnen in Ihrem Nervensystem, Sie reparieren neurale Kurzschlüsse.

Rekapitulieren Kurzform.

Wie Sie die Rekapitulation für Ihre eigene Therapie bzw. Problemlösung nutzen können.

Wenn Sie Probleme mit einem Menschen, einer Situation oder einem bestimmten Ausschnit Ihrer Vergangenheit haben, lohnt es sich diese Situation/ Menschen etc. zu rekapitulieren. Eine Ausführliche

Anleitung zum Rekapitulieren finden Sie im entsprechenden Kapitel. Hier möchte ich nur darauf hinweisen, dass es auch eine Kurzform des Rekapitulierens gibt die sehr hilfreich ist, sozusagen eine Erste Hilfe- Massnahme für die Seele.

- Klären Sie das Thema, das für Sie ein Problem darstellt. Formulieren Sie das Thema schriftlich. Zum Beispiel: Ich habe Probleme mit XXXX.
- Notieren Sie sich sofort, wenn Sie mit diesem Problem konfrontiert werden, alles was Ihnen dazu einfällt. Alle Gedankengänge (wahrscheinlich ständige Wiederholungen), alle Personen, Situationen usw...
- Darüber hinaus sollten Sie sich täglich zu einer festgesetzten Zeit mit diesem Thema auseinandersetzen, und alles notieren, was Ihnen dazu einfällt.
- Nach ca. einer Woche fangen Sie an zu rekapitulieren, wie im Kapitel Rekapitulation beschrieben. Als Rekapitulationsliste nehmen Sie Ihre Aufzeichnungen.

Diese Methode funktioniert auch ohne spirituellen Hintergrund.

Das größte Hindernis für persönliche Veränderungen.

Das größte Hindernis für persönliche Veränderungen sind Ihre alt eingefahrenen Denkgewohnheiten.
Sie haben dieses Buch bis hierher durchgearbeitet und sind ernsthaft gewillt, Ihr Leben zum positiven zu ändern und was passiert? Kaum ist Ihre Aufmerksamkeit nicht mehr gefordert, schweifen Sie ab zu Ihren alten Denkgewohnheiten, die da vielleicht bestehen aus Sorgen, Befürchtungen, Zeifel oder im schlimmsten Fall Ängsten.
Es gibt eine äußerst wirksame Methode, um diesen Fehler zu vermeiden und sie ist einfacher durchzuführen, als alle anderen hier aufgeführten Strategien.

Formulieren Sie ein paar positive Aussagen bezüglich Ihrer Ziele (Affirmationen).
Z.B.: „Ich arbeite täglich an meinen Zielen und registriere die positiven Veränderungen in meinem Leben.“.
Besorgen Sie sich eine Perlenschnur mit ca. 12 Perlen (Holzperlen z.B.). Diese Perlenschnur haben Sie immer bei sich und sobald Ihre Aufmerksamkeit nicht gefordert ist, und Sie normalerweise abschweifen würden, nehmen Sie Ihre Perlenschnur und rezitieren Ihre Affirmationen, ähnlich wie die Katholiken ihren Rosenkranz beten.
Auf diese Weise können Sie Ihre 25 % negativen Gedanken und 72 % unbedeutenden Gedanken in Erfolgsgedanken umwandeln. Können Sie sich vorstellen was passiert, wenn Sie dies über längere Zeit kontinuierlich durchführen?

Tagesanalyse

Analysieren Sie jeden Abend Ihren Tag!

Was war **besonders effektiv** heute?
Wo hätte ich **wie** besser reagieren können?
Wo hätte ich Zeit einsparen können?
Habe ich alle **Kontakte, Informationen** und **Fähigkeiten** optimal genutzt?
Was genau hat mich heute meinem Ziel X nähergebracht?
Wo hätte ich heute meine neuen **NLP Kenntnisse gezielter einsetzen** können?
Sonstiges ......

Wichtige Schritte für morgen ....

3 Worte, die ich ab morgen bewußt in meinem aktiven Wortschatz aufnehme:

1. ....
2. ....
3. ....

3 negative Worte, für die ich ab morgen positive Alternativen verwende:

1. ....
2. ....
3. ....

Analysieren Sie täglich Ihr Verhalten! Erweitern Sie die obige Checkliste entsprechend Ihrer individuellen Bedürfnisse.
Durch dieses Vorgehen aktivieren Sie Ihren Erfolgswillen und schärfen Ihre Aufmerksamkeit.

Zur Erinnerung:

„Was kann ich jetzt tun für meinen Erfolg?“

Ihre persönlichen Überzeugungen, Ihre Glaubensmuster steuern Ihr Leben.

Sie brauchen Ziele! Ein Ziel zu haben, ist der erste und wichtigste Schritt zum Erfolg!

Jede Vorstellung, die uns erfüllt, hat das Bestreben, sich zu verwirklichen.

Mit einem Ziel im Kopf kann Ihr Unterbewußtsein IhreHandlungsweisen ständig korrigieren, und Sie immer wieder neu auf Ihr Ziel ausrichten.

Konkrete Ziele motivieren und aktivieren!

Korrigieren Sie Ihr Verhalten entsprechend und solange,

bis der gewünschte Erfolg eintritt!

Entscheiden heißt, sich einer Sache 100%ig zuzuwenden.

Jede Entscheidung, die Sie treffen, gestaltet Ihr Leben!

Die Macht über unser Schicksal ist uns in der Gegenwart gegeben.

Was von Menschenhand geschaffen wurde, ist immer einer Optimierung fähig.

Erarbeiten Sie sich ganz gezielt einen positiven aktiven Wortschatz!

Durch einen positiven aktiven Wortschatz programmieren Sie Ihr Gehirn positiv!

Die Worte, die Sie ständig benutzen, bestimmen Ihre Art zu denken!

Die mentalen Prozesse von heute schaffen die Realität von morgen!

Gestalten Sie Ihre Realität bewußt!

In Ihrer Realität von heute können Sie Ihre mentalen Prozesse von gestern erkennen!

Kultivieren Sie Ihr inneres Erleben Ihren wirklichen Wünschen entsprechend!

Negative Glaubensmuster sind Energieräuber!

Kapitel 2

Unsere andere Seite

Nun wird es sich zeigen wie flexibel Sie wirklich sind, denn was in diesem Kapitel auf Sie wartet, wird Ihren “gesunden Menschenverstand“ möglicherweise etwas strapazieren, es sei denn, Sie sind eingefleischter Esoteriker.

Die Seele will beschäftigt sein, alles was sie will ist Bewusstseinserweiterung.
Im Grunde genommen sind wir freier Geist, der sich auf das Spiel mit der Materie eingelassen hat. Dieser Geist läßt sich sehr schnell und leicht absorbieren.
Wir stehen da unseren Kindern um nichts nach. So wie ein Kind sich selbst vergessen kann im Spiel, so verliert sich ein Erwachsener im “Ernst des Lebens“.
Die einzige Freiheit die wir haben, ist zu entscheiden, wovon wir uns absorbieren lassen. Hier eröffnen sich uns ungeahnte Möglichkeiten.

Haben Sie schon mal Carlos Castaneda gelesen? Falls nicht sollten Sie es unbedingt nachholen. Carlos Castaneda erklärt in seinen Büchern ganz ausführlich unsere andere Seite. Und wenn Sie ihn nicht nur zur Unterhaltung lesen, sondern praktizieren, werden Sie eine ganz phantastische Entdeckung machen, nämlich dass dies alles bei Ihnen auch funktioniert. Ich will Ihren Verstand nun nicht unnötig strapazieren (das können Sie später selbst tun) und beschränke alle Erklärungen auf ein Maß, wie es für unsere Arbeit notwendig ist.

Alles im Universum ist letztendlich Energie. Auch der Mensch besteht aus unendlichen Energiefasern, die in einer Art Kokon eingeschlossen sind.
Sie können mittels Hypnose folgenden Versuch durchführen:

1. Leiten Sie bei Ihrer Versuchsperson eine möglichst tiefe Trance ein.
2. Fragen Sie Ihre Versuchsperson, wie sie Menschen eigentlich wahrnimmt.

Die Fragestellung müssen Sie evtl. verschieden formulieren. Faszinierend ist, dass viele Menschen Antworten geben wie:

Wie leuchtende Spinnenweben, viele helle Fasern, viel größer und leuchtend, irgendwie doppelt, auf einem Auge wie normal, und auf dem anderen Auge ganz hell usw...

Interessant ist, dass solche Schilderungen auch von Menschen gegeben werden, die sich in keinster Weise für spirituelle Themen interessieren.

Wußten Sie, dass Sie die Art, wie Sie die Welt heute wahrnehmen, erst mühsam erlernen mußten? Als Sie geboren wurden, haben Sie die Welt ganz anders wahr genommen. Woher ich das weiß?
Sie wissen doch, mein Freund ......

Gelingt es dem Menschen zu seiner ursprünglichen Wahrnehmung zurück zu finden, kann er das Universum einschliesslich aller Lebewesen als Energie wahrnehmen.
Im Zustand dieser ursprünglichen Wahrnehmung, erscheint der Mensch als Ballung unzähliger Energiefasern.
Die Schamanen Mittel- und Südamerikas übermitteln ihren Schülern schon seit Jahrtausenden diese ursprüngliche Art der Wahrnehmung.
Und es ist davon auszugehen, (ich gehe zumindest davon aus) dass auch die Begründer der Akkupunktur im alten China diese Art der Wahrnehmung beherrschten.

Ich habe es schon erwähnt, Carlos Castaneda beschreibt in seinen Werken ausführlich wie jeder Mensch zu dieser ursprünglichen Art der Wahrnehmung zurück finden kann.

In diesem Energieball Mensch befinden sich wiederum Strukturen, die sich durch ihre Leuchtkraft von ihrer Umgebung unterscheiden. Eine dieser Strukturen ist für die menschliche Wahrnehmung verantwortlich.
Castaneda nennt diese Struktur in seinen Werken "Montagepunkt".

Montagepunkt, weil an diesem Punkt offensichtlich alle Energien, die ihn kontaktieren, zu der Welt montiert werden, so wie wir sie wahrnehmen.
Bei allen sozialisierten Menschen ist dieser Punkt an der gleichen Stelle fixiert.

Bei Kleinkindern hingegen ist dieser Montagepunkt noch sehr beweglich, dementsprechend ist auch die Wahrnehmung von Kindern eine andere, als die Wahrnehmung erwachsener Menschen.
Erst mit der Zeit lernen Kinder ihre Wahrnehmung ebenso zu interpretieren, wie es die Erwachsenen ihrer Umgebung tun.

Im Traumzustand, unter Drogeneinfluss, bei Rückführungen und in Trancezuständen, gerät der Montagepunkt in Bewegung.

Ob und in welchem Maß ein Montagepunkt flexibel ist, hängt von der zur Verfügung stehenden Energie jeder einzelnen Person ab.

Durch seine Sozialisation wird der Mensch darauf programmiert, seinen Montagepunkt in einem Bereich der kollektiven Norm zu fixieren. Diese Programmierung wirkt wie ein Leitsystem, dass einen Großteil der Lebensenergie in eben diese Bereiche der kollektiven Norm ableitet.
Physiologisch gesehen könnte man es mit den neuralen Bahnen in unserem Gehirn vergleichen.
Mentale Prozesse, die wir ständig wiederholen, bilden ganz spezielle neurale Bahnen in unserem Gehirn. Je häufiger ein bestimmter Prozess vollzogen wird, umso stärker wird die jeweilige neurale Bahn ausgebildet.
Wird ein mentaler Prozess über längere Zeit vermieden, verkümmert die entsprechende neurale Bahn.

Wie stark die Programmierungen der Sozialisation wirken, ist individuell verschieden und von mehreren Faktoren abhängig.
Fakt ist, dass die Fixierung des Montagepunktes enorm viel Energie verbraucht.
Fakt ist weiterhin, dass es zu einer Lösung des Montagepunktes während einer Traumphase kommt, dieser dann umherwandert und somit das gesamte System Gelgenheit bekommt, sich zu erholen.

Dies erklärt auch, warum es möglich ist, über Wochen statt zu schlafen, zu rekapitulieren. Und dies ohne dass es zu den allgemein bekannten Erscheinungen des Schafentzuges kommt.

Bei dieser Übung, beim Rekapitulieren, kommt es, ebenso wie bei Rückführungen, zur Lösung des Montagepunktes, was wiederum die sonst gebundene Energie freisetzt.

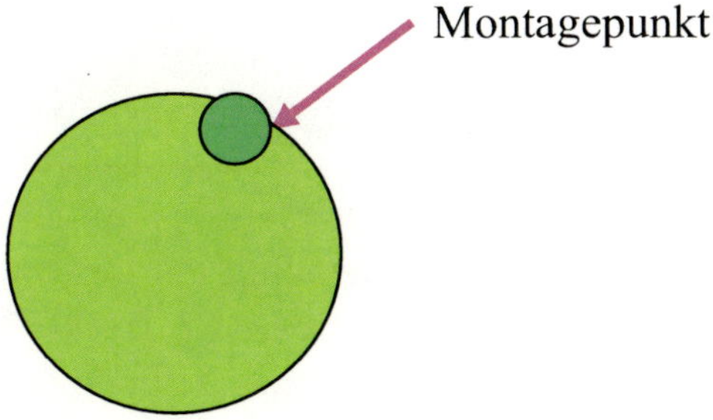

Der Mensch als Energiekugel

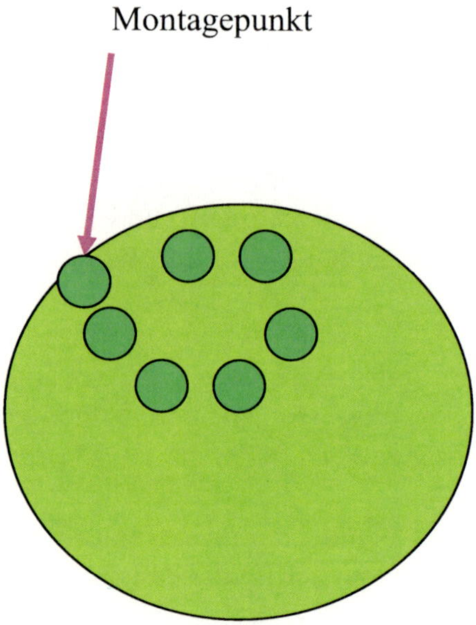

Die Bewegung des Montagepunkt beim Träumen

Sobald der Mensch beginnt zu träumen, löst sich der Montagepunkt und beginnt sich zu verschieben. Am Ende der Traumphase kehrt er in seine ursprüngliche Position zurück. Dies erklärt auch die veränderte Wahrnehmung im Traum.

Die Fixierung des Montagepunktes, welche bei allen Menschen nahezu an der gleichen Stelle liegt, ist dafür verantwortlich, dass wir alle im Großen und Ganzen die gleiche Welt wahrnehmen und diese Welt für die einzig reale Welt halten.

Durch unseren inneren Dialog, durch unser Denken und unsere Gewohnheiten halten wir den Montagepunkt an seiner Stelle.
Gelingt es uns einen Zustand zu erreichen, in dem der innere Dialog zum Schweigen gebracht wird, in dem wir aufhören, die auf uns einströmenden Sinnesdaten gewohnheitsmäßig zu interpretieren, verändert sich unsere Wahrnehmung drastisch.

Das sollten Sie unbedingt nachprüfen!

Dies ist der Moment, da sich die Fixierung des Montagepunktes löst und er sich bewegt. Es gibt verschiedene Übungen, um den inneren Dialog anzuhalten, um zu dieser veränderten Wahrnehmung zu gelangen. Einige dieser Übungen werde ich im Folgenden noch vorstellen.

Übrigens, haben Sie bemerkt, wie ruhig es auf einmal um uns herum geworden ist?
Wir haben gerade einen großen Teil unserer Mitleser verloren, sie wurden Opfer Ihrer Glaubensmuster. Ist das nicht schrecklich?

Glaubensmuster können dermaßen beherrschend sein, dass sie dem System in dem sie sich eingenistet

haben, nicht die geringste Chance geben, sie in Frage zu stellen.
Ich kann Ihnen ein gutes Beispiel aus meinem Alltag erzählen. Ich wohne hier am südlichsten Zipfel Brasiliens, im Land der Gauchos. Am kulinarischen Nullpunkt der Welt.
Die Menschen hier essen jeden Tag Reis mit schwarzen Bohnen oder schwarze Bohnen mit Reis. Das einzige Gewürz (richtig genommen ist es gar kein Gewürz), dass sie dafür verwenden ist Salz. Ich habe schon sehr oft versucht einige von Ihnen zu einem anderen Essen zu verleiten, mit Kartoffelknödel, Rotkraut und gefüllter Gans zum Beispiel.
Oder einer feurig scharfen ungarischen Gullaschsuppe.
Na, sind Sie schon am sabbern?
Bis auf ganz wenige Ausnahmen hat es nicht einmal jemand auch nur gekostet.
Die Menschen hier glauben nicht, dass so etwas schmecken kann und sie sind so fest von ihrem Glauben überzeugt, dass sie nicht mal einen Versuch riskieren.
Egal in welche Richtung man sich von hier fortbewegt, das Essen kann nur besser werden daher kulinarischer Nullpunkt.
Aber trotz allem wollte ich an keinem anderen Platz der Welt wohnen, das ist mein augenblickliches Glaubensmuster.

Kommen wir zurück zum Thema.

Warum sollte man seine Wahrnehmung erweitern?

Es ist schwierig, solche Dinge mit Worten zu beschreiben, da wir uns immer dann, wenn wir Worte benutzen auf einer Ebene befinden, die sich innerhalb dieser Grenzen, um deren Überschreitung es geht, befindet.
Da war es wieder, das Prinzip der logischen Ebenen.
Daher kann man mit Worten lediglich versuchen, annähernd die Richtung anzudeuten.

Menschen befinden sich auf einer Reise des Bewußtseins, Sinn und Zweck dieser Reise scheint es zu sein, noch mehr Bewußtsein anzusammeln (Bewußtseinserweiterung), um mit dem vermehrten Bewußtsein zum Ursprung der Reise zurückzukehren.
Diese Bewußtseinsreise wurde von äusseren Kräften unterbrochen.
Kräfte, die daran interessiert sind, Menschen in Emotionen zu verstricken, um sich von der dadurch freiwerdenden Energie zu nähren. In Mittel- und Südamerika nennt man diese Kräfte die Volandores (Flieger).
Ich gehen davon aus, dass es sich hierbei um ähnliche Phänomene handelt, die in der westlichen Magie als Schemen, Larven etc. benannt werden.
Wissenschaftlich gesehen könnte man es evtl. vergleichen mit den Kräften die uns z.B. zwingen, wider besseren Wissens und gegen jede Vernunft an schädlichen Gewohnheiten festzuhalten.
Es gibt sehr unterschiedliche Versionen in Bezug auf die Volandores, aber in Ihren Kernaussagen sind sie gleich.

Demnach waren die Menschen der Vorzeit intakte Wesen, ausgestattet mit einer besonderen Leuchtkraft, wie sie heute nur noch bei Kleinkindern wahrzunehmen ist.
Im Prozeß der Sozialisation verringert sich diese Leuchtkraft auf ein Minimum.
Diese Volandores haben dem Menschen Ihr eigenes Bewußtsein quasi übergestülpt, um sicher zu gehen, dass der Mensch emotional reagiert, wobei es keine Rolle spielt, ob diese Emotionen in unserem Sinne positv oder negativ sind. Die einzige Möglichkeit sich von diesen Volandores zu befreien, ist Selbstdisziplin.

Upps, jetzt ist es raus und ich hoffe, Sie sind noch da....
Diese Aussagen decken sich mit unseren Erfahrungen bei einigen experimentellen Rückführungen.
Wie man diese Phänomene und andere energetische Konfigurationen auch als ungeübter Mensch wahrnehmen kann, dazu kommen wir später noch.

Unmittelbar nach der Geburt, sobald der Prozeß der Sozialisation einsetzt, beginnt die menschliche Spaltung. Ein Teil des Menschen (den man auch als "der Andere; Energiekörper; höheres Selbst; Traumkörper; Doppelgänger usw.." bezeichnet) wird verdrängt.
An seiner Stelle entsteht etwas neues, die Persönlichkeit, mit der sich der Mensch im Laufe der Jahre identifiziert. Einen Großteil seiner Energie verbraucht der Mensch, um diese Scheinpersönlichkeit zu schützen und aufrecht zu erhalten.

Trotz allem bleibt eine Verbindung zwischen beiden ursprünglichen Teilen bestehen.

Es gab und gibt Menschen deren Ziel es ist, wieder einen bewußten Kontakt zum Energiekörper herzustellen und diesen zu schulen. Das Endziel dieser Menschen ist der sogenannte abstrakte Flug. Darunter versteht man u.a., dass wir unser ätherisches Doppel, unseren Energiekörper in unseren Alltag einbringen.

Sobald sich unser physischer Körper seiner energetischen Entsprechung voll bewußt wird, wechseln wir in eine ganz andere Bewußtseinswelt.

Um dieses Ziel zu erreichen, haben diese Menschen verschiedene Übungen entwickelt, von denen ich ein paar ausgewählt habe, und die ich hier vorstellen möchte.
Es sind Übungen oder Lebensweisen, die sich auch unabhängig von jeglicher Spiritualität sehr positiv auf das alltägliche Leben auswirken.

Wärend den Esoterikern unter Ihnen das alles reinläuft wie Öl, wird der Rest der Leser sich sicher fragen, „warum erzählt er uns das alles?"

Ich möchte Ihnen hier unter anderem das optimalste Mentaltraining bieten, dass Sie überhaupt bekommen können.
Aus diesem Grund erzähl ich Ihnen das alles.

Hier geht es nicht darum, mal eben schnell ne Millionen zu machen, hier geht es um ein erfülltes Leben, um bleibende mentale Werte.

Wenn Sie sich mal näher mit diesem Thema beschäftigen, werden Sie feststellen, dass es vier große Richtungen des mentalen Trainings gibt.

Da sind einmal die **Psychotechniker,** die alles mit Hypnose, Selbsthypnose und NLP bewerkstelligen wollen.
Dann gibt es die **Motivatoren**, ein Wochenende über glühende Kohlen, ein wenig Chaka Chaka brüllen, und alles ist möglich.
Die **Strategen**, die Ziele, Zeit und Aktionen bis ins Detail planen und so ein erfolgreiches Leben heraufbeschwören (wollen).
Und schliesslich haben wir noch die **Gemütlichen.** Immer nur positiv denken, eine Bestellung beim lieben Gott aufgeben und der Rest läuft von selbst.

Aus eigener, langjähriger Erfahrung kann ich Ihnen versichern, Hypnose, Selbsthypnose und NLP, sind die wirksamsten Psychotechniken, die es zur Zeit gibt. Barfuss über glühende Kohlen laufen sind superstarke Erfahrungen, die eine Menge Energie freisetzen können.
Chaka Chaka brüllen hab ich noch nicht versucht.

Ohne positves Denken ist unser Leben nichts, und wenn Sie ziel- und planlos durch die Gegend laufen, endet Ihr Leben im Chaos.

Fazit:
All diese Methoden haben Ihre Berechtigung und ein gutes Mentaltraining sollte alles im ausgwogenen Mass beinhalten.
Hüten Sie sich vor einem extremen Mentaltraining, in dem nur eine dieser Methoden angewendet wird, es kann mitunter mehr schaden als nutzen. So etwas wird oft von Firmen für Firmen angeboten, die Ihre Mitarbeiter letztendlich für Ihren Profit verheizen, eine heisse Sache also.

Ein Mentaltraining bei dem es nicht um
IHRE MISSION
geht, ist kein Mentaltraining sondern
Seelenfängerei.

Wenn Sie zum Beispiel auf Teufel komm raus Erfolg visualisieren, aber zu viele unerledigte Geschäfte in Ihrer Seele mit sich herumtragen, kann dies zu enormen Stress und schweren gesundheitlichen Problemen führen.
Aus diesem Grund gilt auch für ein Mentaltraining das schöne Modewort „ganzheitlich“ arbeiten.

Rekapitulation / Energetischer Ausgleich

Ziel der Rekapitulation ist es, verstreute Energie zurück zu gewinnen und sich von Fremdenergie/ Fremdeinflüssen zu befreien. Durch den Vorgang der Rekapitulation erkennen wir die zwanghaften Muster unserer Gewohnheiten, Gedanken, Gefühle und Erwartungen.

Diese Erkenntnis in Verbindung mit einer speziellen Atemtechnik führt zur Auflösung dieser Muster und setzt große Mengen Energie frei.
Die Rekapitulation befreit uns von bindenden und belastenden Emotionen, falschen Hoffnungen, Erwartungen usw..

Im Folgenden beschreibe ich zunächst die wichtigsten Schritte **der Rekapitulation**.

Zunächst erstellt man sich eine sogenannte Rekapitulationsliste. Dies ist eine Liste von

- Allen Personen, mit denen man je zu tun hatte. In der Gegenwart angefangen bis zurück zur Geburt.
- Alle Orte, an denen man sich je aufgehalten hat.
- Alle Ereignisse, die man je erlebt hat. Wobei sich diese ja zwangsläufig aus den beiden vorangegangenen Listen ergeben.

Sobald diese Listen erstellt sind, beginnt man mit der ersten Person. Man erinnert sich so gut man kann an alle Einzelheiten, die man mit dieser Person erlebt hat und kehrt quasi in die jeweiligen Situationen zurück. Das Prinzip ist hier das gleiche, wie bei Rückführungen. Je mehr Sinneseindrücke man wiedererleben kann, um so besser.
Sobald man die Stimmung der entsprechenden Situation zum Leben erweckt hat, beginnt man mit dem sogenannten **Fegeatem.**

Fegeatem:

Man dreht den Kopf nach rechts, so als schaue man über die rechte Schulter. Nun dreht man den Kopf langsam nach links, soweit, dass man über die linke Schulter schauen kann. Während dieser Kopfdrehung atmet man langsam und tief ein. Die Kopfdrehung und das Einatmen bilden ein harmonisches Ganzes. Es folgt die Drehung von links nach rechts, während man ausatmet und weiter, wieder von rechts nach links, einatmen usw...
Während diesem Ein- und Ausatmen versucht man **energetische Fasern/Linien** zu spüren, die von der Körpermitte ausgehen und sich durch Raum und Zeit in die jeweilige Situation erstrecken.
Man stellt sich vor, bzw. man beabsichtigt, beim Einatmen alle Energie, die man in der Situation zurückgelassen hat, durch diese Fasern zum Körper zurückfliessen zu lassen.
Beim Ausatmen beabsichtigt man, alle Fremdenergien über diese Fasern wieder abzugeben, d.h., zu dem betreffenden Menschen bzw. in die betreffende Situation zurückfliessen zu lassen.
Auf diese Weise geht man die ganze Situation durch.
Wichtig ist, dass man:

Die Stimmung der Situation erlebt und dennoch nur Beobachter ist, ohne zu urteilen und ohne Emotionen!

Wenn man das Gefühl hat, dass die Sache erledigt ist, macht man noch eine komplette Kopfbewegung ohne zu atmen. Mit dieser letzten Bewegung ver-

siegelt man die Fasern, so dass es zu keinem weiteren Energiefluß mehr kommt.
Auf diese Weise rekapituliert man jede einzelne Person, jedes Ereignis der Listen.

Ich kann Sie schon hören:
„Unmöglich, das würde ja Jahre dauern."
Richtig, es ist eine Lebensaufgabe.

Die Rekapitulation erfüllt noch einen anderen Zweck. Durch den Vorgang der Rekapitulation wird quasi eine Kopie des angesammelten Bewußtseins erstellt, dies führt dazu, dass der Mensch sein Bewußtsein über den Tod hinaus erhalten kann, da das universelle Bewußtsein aus dem der Mensch hervorgegangen ist, sich auch mit einer Kopie zufrieden gibt.

So fantastisch diese Behauptungen auch anmuten, kann man doch ähnliches im natülichen Verlauf des Sterbens beobachten. Menschen, die nur knapp dem Tod entkommen sind berichten oftmals davon, dass Ihr gesamtes Leben im Bruchteil einer Sekunde vor Ihrem geistigen Auge ablief.
Ist dies möglicherweise das intuitive Wissen darum, wie man dem gewöhnlichen Tod entgehen kann?
Dem gleichen Phänomen begegnet man, wenn man über längere Zeit regelmäßig intensiv rekapituliert. Hier geschieht es auch, dass verschiedene Szenen in sekundenschnelle ablaufen.

Von Rückführungsexperimenten her wissen wir, dass dieses Abspulen der Lebensgeschichte während dem Sterben, immer irgendwo unterbrochen wird, das heißt, dass der Betroffene früher oder später mit seiner Aufmerksamkeit an einem Ereignis hängebleibt, das ihn vollkommen absorbiert. Dies hat scheinbar zur Folge, dass die Seele neu inkarniert.

Aus diesen Beobachtungen könnte man den Schluß ziehen, dass es nicht auf gut oder böse im Sinne unserer Moralvorstellung ankommt, ob wir neu inkarnieren oder nicht, sondern einzig auf die Fähigkeit emotionslos und urteilsfrei zu beobachten.

In Venezuela wird dieses Verfahren sinngemäß **Energetischer Ausgleich** genannt und dient in erster Linie zur Abwehr der Volandores.
Auch hier steht das Erinnern und der Fegeatem im Vordergrund, allerdings wird dem chronologischen Ablauf nicht soviel Wert zugemessen.
Das Rekapitulieren beginnt hier mit dem Andrehen des Scheitelchakras. Während der Schüler beginnt seinen Kopf von rechts nach links zu drehen, steht ein Helfer hinter ihm, hält seine Hand über den Kopf und beginnt schwungvoll entgegen dem Uhrzeigersinn seine Hand spiralförmig nach oben zu drehen. Dieser Vorgang wird mehrmals wiederholt.
Dieses Andrehen des Scheitelchakras soll den Manipulationen der Volandores entgegenwirken, die diese am Menschen vorgenommen haben.
Die Bergantiner rekapitulieren zunächst alle Sexualpartner, da hier in der Regel die meiste Energie zu

lösen ist, danach bleibt es dem Schüler überlassen, in welcher Reihenfolge er weiter vorgehen möchte. Sobald der Vorgang abgeschlossen ist, werden die Fasern mit beiden Händen von oben nach unten durchtrennt.

Einzelheiten zum Rekapitulieren

Der Vorgang des energetischen Ausgleiches ist im Grunde genommen ein sehr einfacher, aber leider haben sehr viele Menschen die Neigung, selbst die einfachsten Dinge unnötig zu verkomplizieren.

Die erste Hürde.
Zunächst steht man vor dem Problem eine scheinbar nicht zu bewältigende Aufgabe anzugehen.
Dies liegt in erster Linie daran, dass wir auf Grund unserer Erziehung immer einen Gewinn erwarten.
Das heißt, wir sind nur bereit zu investieren, wenn ein persönlicher Vorteil in Aussicht steht.

Die zweite Hürde
Wir sind so sehr an Regeln und Vorschriften gewöhnt, dass wir selbst bei den einfachsten Dingen Angst haben, einen Fehler zu begehen. Mittlerweile gibt es ja schon Bücher und Seminare über Themen wie “Richtiges atmen“, “Lachseminare“ usw... Denken Sie sich nur ein Lebensthema aus von dem Sie glauben, dass es dafür noch keine Regeln gibt, und dann schauen Sie mal im Internet nach. Sie werden sicher überrascht sein. Man kann über so simple Dinge wie das Schuhe binden eine

Doktorarbeit schreiben und schon hat man den Rest der Welt verunsichert.
„Ob ich das auch richtig mache?“

Also, ein wenig mehr Selbstvertrauen bitte!

Die dritte Hürde
Wenn keine unmittelbare Befriedigung/Gewinn erfolgt, beginnen wir zu zweifeln und geben auf, bzw. suchen nach etwas anderem, besseren, bequemeren, schnelleren.

Bevor man anfängt, sollte man sich die Zeit nehmen und darüber nachdenken, was man wirklich will. Für manche Menschen kann es ganz hilfreich sein, wenn Sie sich zunächst von dem tatsächlichen Vorhandensein der Volandores überzeugen.
Als nächstes gibt man sich einfach mal die Chance dieses Vorgehen für eine gewisse Zeit zu testen.
Zum Beispiel verpflichtet man sich selbst drei oder vier Wochen lang regelmäßig seine Rekapitulationsliste zu erstellen. Für diese Liste legt man sich am besten einen Ordner an, so dass man immer wieder Blätter einfügen kann.
Um sich besser zu erinnern kann man alles in verschiedene Unterkategorien aufteilen.
Zum Beispiel:

1. Alle Arbeitskollegen
2. Alle Mitschüler
3. Alle Urlaubsbekanntschaften oder
4. Alle Menschen, die ich in diesem Jahr kennen gelernt habe, im letzten Jahr, usw...

Je nachdem wie man am besten zurecht kommt, kann man nach Orten, Zeiten oder bestimmten Situationen unterteilen. Oft ist man erstaunt, wieviele Menschen man kennengelernt hat.
Wenn man diese Übung vier bis fünf Tage durchgeführt hat tauchen plötzlich Erinnerungen an Menschen auf, an die man schon jahrelang nicht mehr gedacht hat, und wenn man die ganze Sache nicht so ernst nimmt macht es sogar Spass, seine Listen ständig zu erweitern.
Diese Listen dienen später lediglich als Gedächtnisstütze, es reicht, wenn der Name der jeweiligen Person aufgeschrieben wird. Sollte man den Namen nicht mehr wissen, genügt es, wenn man notiert, was man von der Person weiß, um sie richtig zuzuordnen. (z.B. Die blonde Frau an der Kasse vom Supermarkt.)

Rekapitulation und Fegeatem

Sobald die Listen fertiggestellt sind, beginnt die eigentliche Arbeit. Man begibt sich an einen Ort, an dem man wirklich ungestört ist und beginnt seine Listen Stück für Stück abzuarbeiten.
Nehmen Sie sich die erste Person auf Ihrer Liste und erinnern Sie sich. Erinnern Sie soviele Einzelheiten als möglich. Sie können an dem Tag beginnen, an dem Sie die Person kennen gelernt haben und von da aus in Richtung Zukunft gehen oder umgekehrt, mit dem Tag beginnen als Sie die Person zum letztenmal gesehen haben in Richtung Vergangenheit.

Wichtig ist, dass Sie in Ihrer Erinnerung möglichst viele Einzelheiten zusammentragen. Einzelheiten, die alle Sinne mit einbeziehen.

Wichtig ist außerdem, dass Sie die Situation sowohl assoziiert als auch dissoziiert erleben. Das heißt, Sie sind in der Situation drinnen aber gleichzeitig auch neutraler Beobachter.
Sobald Sie die Stimmung der Situation erfaßt haben (der Moment an dem Sie sich gewöhnlich Ihren Emotionen hingeben würden), beginnen Sie mit dem Fegeatem.
Sie konzentrieren sich auf die Fasern, die von Ihrem Bauch ausgehen und holen sich (beim Einatmen) alles zurück, was Sie in die Situation investiert haben und geben alles ab (beim Ausatmen), was nicht zu Ihnen gehört.

Während Sie dies tun, vergessen Sie alles, was Sie jemals über gut und böse gelernt haben, bewerten und beurteilen Sie nichts, seien Sie nur Beobachter.
Auf diese Weise gehen Sie die gesamte Situation durch, bis Sie das Gefühl haben, die Sache sei erledigt. Dann beenden Sie den Vorgang wie schon beschrieben.

Was man auf jeden Fall vermeiden sollte:
Der Vorgang der Rekapitulation erfordert ein hohes Maß an Diziplin, trotz allem sollte er nicht mit oder unter Zwang durchgeführt werden, da man sich sonst selbst sabotiert. Das gleiche gilt für das Erstellen der Listen. Beides sollte mit großem

Interesse, ähnlich wie ein Kind, das etwas neues entdeckt, ausgeführt werden.
Dieses Interesse zu wecken gelingt am besten, wenn Sie sich bewußt machen, dass Sie tatsächlich etwas außergewöhnlich neues erforschen, nämlich sich selbst und Ihre gewohnheitsmäßigen Muster.

Abweichungen von der Rekapitulationsliste.

Es wird vorkommen, dass Sie mit einer bestimmten Person oder Situation Ihre Sitzung beginnen und sich plötzlich ein anderes Thema in den Vordergrund schiebt.
Sollte dies geschehen, arbeiten Sie mit dem Thema, das sich Ihnen anbietet.
Allerdings sollten Sie nicht während einer Sitzung mehrmals das Thema wechseln.
Wenn Sie bemerken, dass Sie während einer Sitzung ständig von einem Thema zum anderen springen, kann es notwendig sein, ein Thema herauszugreifen und zunächst schriftlich vorzubereiten.

Keine Zeit zum Rekapituliern

Der häufigste Einwand gegen das Rekapitulieren ist, keine Zeit zu haben. Rein logisch gesehen ist es ja auch zeitlich unmöglich. Hier kann man nur entgegnen: versuchen Sie es, geben Sie sich selbst die Chance es vier Wochen lang regelmäßig durchzuführen, nachdem Sie genügend Listen erstellt haben.

Schon nach wenigen Tagen, wenn Sie mühelos in die einzelnen Situationen hineinkommen, können Sie statt zu schlafen, rekapitulieren.
Sie werden keine Schlafentzugserscheinungen bekommen, im Gegenteil, Sie werden mit einem Minimum an Schlaf auskommen und über ein maximum an Energie verfügen.

Woran erkennt man, dass ein Thema abgeschlossen ist?

Sie spüren es mehr oder weniger deutlich. Es ist, als ob Ihr Körper Ihnen sagt:
„Es reicht !"
Dieses Gefühl wird mit der Zeit immer sicherer. Sollte dennoch etwas unvollständig rekapituliert sein, wird sich dieses Thema von selbst früher oder später wieder in den Vordergrund schieben.
Dann sollte es noch gründlicher bearbeitet werden.
Wenn Sie herzhaft über all das scheinbare Elend das Sie in dieser wunderbaren Welt erlebt haben lachen können, vor allen Dingen, wenn Sie über sich selbst und Ihre eigene Wichtigkeit in der betreffenden Situation lachen können, dann können Sie sicher sein, dass dieses Thema abgeschlossen ist.
Halten Sie sich immer vor Augen, dass der Tod hinter Ihnen her ist, er kann schon in 2 Sekunden über Sie herfallen und Ihnen das bisschen Leben in vollen Zügen aussaugen.

Was Sie evtl. nicht rekapitulieren sollten.
Wenn Sie Ihren Ehe,- Lebens,- oder Liebespartner rekapitulieren, kann es vorkommen (nicht selten!), dass diese Beziehung sich innerhalb kürzester Zeit auflöst.
Das liegt daran, dass Sie, zumindest in dem Bereich den Sie gründlich rekapituliert haben, konkret werden. Das heißt, Sie gehen keine faulen Kompromisse mehr ein – aber keine Angst, Sie werden dadurch nicht unglücklicher!

Gewohnheitsmuster durchbrechen

Immer wenn es um die Fixierung des Montagepunktes geht wird enorm viel Energie verbraucht. Unsere täglichen Routinehandlungen stellen eine solche Fixierung dar.
Wir haben die Erfahrung gemacht, dass die Unterbrechung von Routinehandlungen sehr schnell große Mengen Energie freisetzt.
Versuchen Sie mal nur für den Zeitraum von drei bis fünf Tagen alles auf eine andere Art zu tun, wie Sie es gewohnt sind.

Zum Beispiel:
Stehen Sie morgens zu einer anderen Zeit auf, tun Sie dies in einer anderen Reihenfolge, statt mit dem linken, mit dem rechten Bein. Putzen Sie Ihre Zähne mit der anderen Hand auf eine andere Weise, ziehen Sie Ihre Kleider in einer anderen Reihenfolge an, nehmen Sie einen anderen Weg zur Arbeit, usw...

Versuchen Sie so viele Dinge wie möglich jeden Tag auf eine andere Art zu tun.
Sie werden die Wirkung schon nach einem Tag deutlich wahrnehmen.
Diese Handlungsweise läßt den Montagepunkt erzittern, bringt ihn in Bewegung und setzt somit Energie frei.
Wenn ich mit Klienten zu tun haben, die nur über sehr wenig freie Energie verfügen, fordere ich diese Menschen schon während der Sitzung auf, ihr Verhalten zu ändern.
Ich habe die Erfahrung gemacht, dass solche Menschen schon während der ersten Sitzung einen deutlichen Energieanstieg verspüren, sie werden lebhafter und wirken wie aus einem Dauerschlaf aufgeweckt.
Zur gewohnten Verhaltensänderung kann man alles heranziehen, von der Art sich zu bewegen über die Haltung bis hin zur Sprachgewohnheit.

Wie Sie möglicherweise schon bemerkt haben, verfolgen all diese Übungen und Ratschläge ein ganz bestimmtes Ziel, nämlich die Befreiung von anerzogenen Wahrnehmungs- und Reaktionsmustern. Es geht dabei nicht darum, gelerntes Verhalten auszumerzen sondern darum, frei darüber zu entscheiden, wann man sich wie verhält. Dies betrifft insbesondere Emotionen. Es geht nicht darum Emotionen zu unterdrücken, sondern darum, zu erkennen, dass man selbst nicht die Emotion ist und frei ist, zu entscheiden, ob, wann und wie lange man einer Emotion erlauben will, sich in unserem Nervensystem auszutoben.

Das Grundübel allen menschlichen Leidens ist der anerzogene Fremdkörper, den man Persönlichkeit nennt und mit dem wir uns von kleinauf identifizieren. Wir haben ganz bestimmte anerzogene Erwartungen an unsere Mitmenschen und an unsere Umwelt und sobald diesen Erwartungen nicht mehr entsprochen wird, fängt das Leiden an.
Wir verbrauchen einen Großteil unserer Energie um unsere Scheinpersönlichkeit, unsere eigene Wichtigkeit aufrecht zu erhalten und zu verteidigen.
Wir verstricken uns immer wieder in die gleichen Emotionen, mit dem Gefühl uns fort zu bewegen und nicht selten ist das, was wir für (spirituelle) Entwicklung halten, nur eine subtilere Art unserer alten Muster. Meist gipfelt es darin, das wir den Grad unserer (Schein) Entwicklung mit der Entwicklung unserer Mitmenschen vergleichen, ohne je zu bemerken, wie festgefahren wir sind.

Stellen Sie sich einen schönen Waldspaziergang vor, plötzlich werden Sie von einem abgebrochenen Ast ziemlich schmerzhaft am Kopf getroffen. Wie reagieren Sie?
Sind Sie beleidigt? Fühlen Sie sich von dem Baum bedroht oder gar angegriffen? Wohl kaum.
Anders hingegen im zwischenmenschlichen Bereich. Ein falsches Wort und schon ist man beleidigt, fühlt sich angegriffen, etc...

Wahrnehmungsübungen

Um zu einer (stabilen) anderen Wahrnehmung der Welt zu gelangen ist es notwendig, den inneren Dialog abzustellen (Gedankenleere). Hierfür eignen sich Methoden, die uns entweder möglichst alle Reize entziehen oder uns mit Reizen extrem überfluten.
Es ist meist schwierig, diesen Zustand nach einer vorgegebenen Übung zu erreichen, da jeder Mensch individuelle Reaktionsweisen hat. Wenn Sie derartige Übungen durchführen möchten, seien Sie kreativ und probieren Sie verschiedene Versionen aus.

Übung 1 Reizentzug

Setzen Sie sich in einen möglichst kleinen, dunklen Raum, bei völliger Ruhe. Entspannen Sie sich, kommen Sie innerlich zur Ruhe, durch tiefes, ruhiges und gleichmäßiges Atmen. Ihre Augen sind geschlossen.
Dann beginnen Sie von 10 rückwärts sich jede einzelne Zahl vorzustellen.
10---- 9-----8-----7-----6-----5-----4-----3-----2-----1-----0-----Leere-----Leere----
Bis zu Null und dann nur noch Leere (Gedankenleere). Diese Methode funktioniert bei vielen Menschen sehr gut.
Sie können die einzelnen Zahlen innerlich sehen, hören, denken oder alles zusammen, so wie es Ihnen am besten liegt.

Evtl. müssen Sie bei einer höheren Zahl beginnen, 20, 30 oder mehr. Entscheidend ist, dass Sie Ihre gesamte Aufmerksamkeit auf die entsprechende Zahl konzentrieren. Das heißt, Sie gehen erst zur nächsten Zahl über, wenn Sie die gegenwärtige Zahl innerlich voll erfaßt haben.
Nach der Zahl Null folgt nur noch Leere, Sie sehen innerlich nichts mehr, hören nichts mehr und denken nichts mehr.
Einige Menschen haben hierbei das Gefühl, der innere Dialog sei leiser geworden, habe sich etwas zurückgezogen, etc..

Übung 2 Reizüberflutung

Diese Übung wird im Gehen ausgeführt. Machen Sie regelmäßige Spaziergänge in freier Natur. Stellen Sie Ihre Augen auf unendlich, versuchen Sie im Winkel von 180 Grad alles wahrzunehmen. Sie sehen alles um sich herum, aber nichts genaues. Zusätzlich können Sich sich noch zwischen Kleinen,-Ring,-Mittel- und Zeigefinger beider Hände Holzstäbchen klemmen (etwa fingergroße). Wenn Sie auf diese Art gehen werden Sie mit so vielen Reizen überflutet, dass Ihr innerer Dialog früher oder später verstummt, da er soviele Dinge gleichzeitig nicht mehr beschreiben kann.
Das einzige worauf Sie hierbei achten müssen ist, dass Sie nicht versuchen Ihren Blick auf irgendwelche Einzelheiten zu richten. Dies ist die einzige Hürde, die es zu überwinden gilt, da wir

gewohnt sind unseren Blick immer auf etwas bestimmtes zu fokussieren.
Wenn Sie diese Übung regelmäßig durchführen, werden Sie schon bald bemerken, dass die Umgebung zu leuchten beginnt. Wenn Sie an diesem Punkt angelangt sind, gehen Sie weiter, als sei nichts besonderes geschehen. Sollten Sie sich dazu hinreißen lassen, Ihre Wahrnehmungen verstandesmäßig zu analysieren, werden Sie wieder von vorn beginnen müssen.
Es gibt Schamanen, die nennen dieses Erlebnis "die Schwelle zur Kraft überschreiten."

Das Wirkprinzip all dieser Übungen ist, sich der reinen Wahrnehmung zu überlassen. Vielleicht kennen Sie Situationen, in denen Sie im halbdunkel irgendwelche Dinge/Gegenstände gesehen haben, die sich später z.B. nach einschalten des Lichtes, als etwas vollkommen anderes herausgestellt haben. Solche kleinen Alltagserlebnisse zeigen ganz deutlich, wie wir unsere Welt entstehen lassen.
Falls sie sich für solche Dinge interessieren, können Sie sich nach diesem Prinzip eigene Übungen kreieren. Hier ein paar Richtlinien, die Sie befolgen sollten:

- Den inneren Dialog so gut es geht abschalten.
- Das logische Denken, den Verstand für die Zeit der Übung zurückhalten.
- Die Aufmerksamkeit auf die Zwischenräume richten. D.h., wenn Sie z.B. einen Baum beobachten, nicht die Blätter fokus-

sieren sondern die Zwischenräume, die Leere zwischen den Blättern. Wenn Geräusche mit im Spiel sind, die Aufmerksamkeit nicht auf die Klänge richten, die eine vertraute Szene entstehen lassen, sondern auf das, was dazwischen liegt.

- Sich dem Lauf der Wahrnehmung überlassen.
- Sich nicht gehen lassen, nicht erschrecken, ganz gleich was geschieht.
- Je ungewöhnlicher die Situation und die Umgebung ist, in der Sie solche Übungen durchführen, umso besser werden Ihre Ergebnisse sein.
- Die ersten Ergebnisse werden wahrscheinlich kommen wenn Sie sie nicht erwarten. Dies kann durchaus im Alltag geschehen.

Die Volandores sehen.

Um die Volandores wahrzunehmen bedarf es keiner allzu großen Übung. Der beste Zeitpunkt für solche Wahrnehmungen ist der Übergang vom Dämmerlicht zur Dunkelheit oder umgekehrt. Der beste Ort, ist ein Ort an dem Sie ungeschützt sind, ein Ort und eine Situation, die Sie wirklich ängstigt. Und Sie sollten alleine sein, also keinen Rettungsanker und kein Hintertürchen, dass Sie in Sicherheit bringt. Die Volandores lieben den Stoff, der durch Emotionen der Angst freigesetzt wird.
Dann starren Sie in die Dämmerung/Dunkelheit nach den Richtlinien wie oben beschrieben.

Bevor Sie diese Übung leichtfertig durchführen sollten Sie gelernt haben, Ihre Emotionen zu kontrollieren, damit Sie keinen Schaden davontragen.

Schulung der Willenskraft

Das ursprüngliche Zentrum menschlichen Wollens liegt in der Körpermitte, dem Bauch und alle mentalen Prozesse, die sich nicht aus dem Bauch heraus vollziehen lassen, sind Fremdinstallationen.
Am Anfang scheint es vielleicht unmöglich, seine Wahrnehmung und sein Denken in den Bauch zu verlegen, aber auch laufen, schwimmen und Rad fahren, erschienen uns irgend wann einmal unmöglich.
Dinge, die man nicht durch Worte erlernen kann, muß man einfach tun und erfahren.
Sobald der Prozeß der Sozialisation des Menschen beginnt, setzt ein immer komplizierter werdender, in der Regel nie enden wollender Prozeß ein.
Zum einen sind dies immer komplizierter werdende Gedankenketten, von Interpretationen, Vergleichen, Urteilen, Berechnungen, usw...
die immer darauf hinaus laufen, unsere Welt, unsere Realität zu bestätigen und aufrecht zu erhalten.

Zum anderen sind es Verhaltensmuster und mentale Prozesse, zum Schutz unserer anerzogenen Persönlichkeit.

Die Triebfeder dieser gesamten Prozedur ist ANGST

Dieser Prozeß ist so autark und ebenso zuverlässig, wie unser Herzschlag.
Alles was uns hin und wieder davon bewußt wird, ist der nie enden wollende Dialog in unserem Kopf.
Diese Tatsache sollten Sie sich immer wieder vor Augen führen.
Eine weitere Tatsache, von der sich jeder der zur ursprünglichen Wahrnehmung zurückgefunden hat, überzeugen kann ist, dass alles im Universum energetisch miteinander verbunden ist – die moderne Wissenschaft vermutet hier das sogenannte "morphogenetische Feld".

Sie sollten in der Lage sein, jede Suggestion die Sie einem anderen Menschen übertragen wollen, selbst in Ihrem Innersten zu erleben. Das heißt, die Situation einschließlich der damit verbundenen Emotionen. Sie sollten eine entsprechende Emotion augenblicklich selbst empfinden können. Wenn sie damit Schwierigkeiten haben, trainieren Sie diese Fähigkeit, sie können dann mit schnellen Erfolgen rechnen.
Am Besten gelingt es Ihnen, wenn Sie sich z.B. an emotionale Zustände erinnern, indem Sie sich eine Situation vorstellen, in der Sie die entsprechenden Emotionen hatten und diese dann entsprechend verstärken.
Trainieren Sie auch den Wechsel der Emotionen. Gehen Sie die gesamte Palette der Ihnen bekannten Gefühle und Empfindungen durch:

Zuversicht; Freude; Müdigkeit; Traurigkeit; Euphorie usw..

Gefühle, als auch visualisierte Bilder, sind letztendlich Energiekonfigurationen, die Sie auf diese Art beherrschen lernen.

Lokalisieren Sie Ihre Gefühle und Bilder und verschieben Sie diese in Ihren Bauch.
Stellen sie sich z.B. vor, sie würden die Welt aus Ihrem Bauch heraus wahrnehmen.
Lernen Sie, spielerisch mit Ihren mentalen Mechanismen umzugehen.
(Gefühle, Gedanken, Imaginationen etc.)
Während die meisten Menschen von ihren mentalen Mechanismen beherrscht werden, sind Sie in Kürze Meister Ihrer eigenen mentalen Prozesse. Und sehr schnell werden Sie eine Ahnung davon bekommen, wer Sie wirklich sind. Sie identifizieren sich dann nicht mehr länger mit ihren mentalen Mechanismen, sondern nehmen diese nur noch wahr und beherrschen sie.

Nachdem Sie mit dem vorstehend beschriebenen Training begonnen haben, führen Sie bitte folgendes Experiment durch :
Sie benötigen dafür eine Versuchsperson (VP) und ein Pendel.
Die VP sitzt völlig passiv an einem Tisch und hält mit aufgestütztem Ellbogen das Pendel über die Tischplatte.
Sie stehen hinter der VP und legen ihr eine oder auch beide Hände auf die Schultern. Jetzt

imaginieren Sie eine ganz bestimmte Pendelrichtung (z.B. entgegen dem Uhrzeigersinn). Wahrscheinlich wird das Pendel schon nach kürzester Zeit genau die von ihnen gewählte Bewegung ausführen. Dann ändern Sie in Ihrer Vorstellung die Pendelrichtung und warten erneut auf die Reaktion. So können Sie die verschiedensten Pendelrichtungen imaginieren. Halten Sie Ihre Trefferquote schriftlich fest, zur späteren Kontrolle. Wiederholen Sie diese Übung möglichst auch mit anderen Versuchspersonen..

Diese regelmäßig durchgeführten Kontrollexperimente werden Sie schnell vom Wert des mentalen Trainings überzeugen und anspornen, immer besser zu werden.
Sobald Ihre Erfolgsquote regelmäßig ein hohes Niveau erreicht hat, gehen Sie dazu über, ohne Körperkontakt zu arbeiten.

Der wahre menschliche Wille kommt aus der Bauchmitte und hat nichts mit dem " Will haben denken " unseres Gehirns zu tun. Wahres Wollen ist ein absolutes Beabsichtigen ohne "wenn und aber", kompromißlos und total.
Dies ist schwer in Worten auszudrücken, aber recht einfach zu handhaben. Ein Handeln aus absoluter Gewißheit. Ähnlich der Dinge wie schwimmen, Rad fahren, laufen, etc.... Mann kann diese Fähigkeiten durch Worte allein niemandem übermitteln, wer diese Fähigkeiten erlernen will, muß es einfach üben und selber tun. Sobald man es beherrscht, ist es die einfachste Sache der Welt.

Das Beabsichtigen durch Ihre Willenskraft ist das wirksamste Instrument der Hypnose.
Alle hier beschriebenen Verfahren verfolgen letztendlich das Ziel, Sie mit dieser, Ihrer ursprünglichen Kraft in Verbindung zu bringen. Der schnellste Weg zu dieser Kraft ist kontinuierlich alle fremden Bestandteile unseres Wesens zu erkennen und uns nicht mehr mit ihnen zu identifizieren.
Die Menschen verbrauchen den größten Teil ihrer Energie für die Selbstdarstellung / Verteidigung, für die Anpassung an das System und für ihre Emotionen, die zwangsläufig aus der Frustration über dieses Leben entstehen.

Machen Sie die Probe aufs Exempel.
Entschliessen sie sich jetzt sofort zunächst für 1 Woche weder sich selbst, noch das System wichtig zu nehmen. Tun Sie dies spielerisch, lachen Sie über Dinge, die Sie bis heute noch verärgert haben, beschränken Sie sich darauf, nur noch Beobachter zu sein.
Verzichten Sie darauf zu beurteilen, erwarten Sie nichts und spielen Sie eine Woche lang einfach nur den unbefangenen Beobachter. Vor allem aber, beobachten Sie sich selbst. Ihre alten Verhaltsmuster werden nicht augenblicklich von Ihnen abfallen, aber genießen Sie es distanzierter Beobachter zu sein, selbst dann noch, wenn Emotionen ihr scheinbares Recht fordern. Nach Ablauf dieser Woche entscheiden Sie selbst ob Sie diesen Weg weiter gehen wollen, oder ob Sie sich doch lieber wieder dem Diktat Ihrer eigenen Wichtigkeit und fremder Erziehungsparameter unterwerfen wollen.

Das Tor zum Unbewußten öffnen

An dieser Stelle möchte ich Ihnen noch einen kleinen Trick verraten, wie Sie einen optimalen Zugang zum Unbewussten Ihrer Mitmenschen bekommen, quasi eine Direktleitung.
Denken Sie an einen Menschen an dem Ihnen wirklich viel liegt, für den Sie nur das Beste empfinden. In diese Stimmung gehen Sie richtig hinein. (Sie können dies Stimmung auch ankern). Wichtig ist, dass Sie in der Lage sind diese Stimung willentlich, möglichst schnell zu erzeugen.

Immer wenn Sie nun diesen besonderen Kontakt zu einem Menschen herstellen möchten, versetzen Sie sich diesem Menschen gegenüber in diese Stimmung.
Durch dieses Vorgehen wird der persönliche Schutzmechanismus, den wir alle haben und der uns vor Fremdeinflüssen schützt, durchlässiger und man kann Gefühle oder Gedanken besser übertragen. Das läßt sich auch teilweise für Nichtesoteriker erklären, wenn Sie bedenken, dass Sie in diesem Moment völlig andere nonverbale Signale aussenden. Die ganze Sache kann man noch verstärken, indem man aus dem Bauch heraus denkt, sendet, überträgt, etc.

Versuchen Sie doch noch einmal folgendes Vorgehen: Setzen oder legen Sie sich hin und sagen Sie sich in Gedanken oder laut die Worte "ich bin". Während Sie das tun, klopfen Sie verschiedene Stellen Ihres Körpers mit der Hand ab.

Z.B. rechter Oberschenkel, linker Arm, Kopf, Unterbauch, Brust, Solar Plexus, usw. Wo fühlt es sich richtig an? Bei den meisten Menschen in der Gegend um den Solar Plexus. Das gleiche machen Sie nun mit den Worten "Ich denke" An welcher Stelle haben Sie nun das Gefühl richtig zu liegen?
Bei den meisten Menschen ist es der Kopf. Nun können Sie anfangen dieses "Denkzentrum" nach unten zu verschieben, immer ein Stückchen tiefer, bis Sie das deutliche Gefühl haben aus dem Bauch zu denken, wenn Denkzentrum und Ich bin Zentrum eins werden.
Es lohnt sich übrigens diese Übung noch weiter auszubauen, indem man sich z.B. im großen Zeh zu Hause fühlt und der Rest des Körpers über einem liegt..grins...

Wenn Sie bis hierher nicht nur gelesen sondern mitgearbeitet haben, hat sich einiges in Ihrem Leben drastisch zum Besseren gewendet – stimmts?

Wirkungsvoll imaginieren

Als krönenden Abschluß stell ich Ihnen nun eine ganz besonders wirksame Mentaltrainingstechnik vor.

Erinnern Sie sich an die fünf logischen Ebenen unseres Gehirns.

- Die Identitätsebene – wer bin ich?

- Die Ebene der Glaubenssysteme – Werte, Kriterien, warum, weshalb, Gebote, Motivation
- Ebene der Fähigkeiten – das Wie, die Strategien und inneren Zustände, die Richtung
- Ebene der Aktionen – was tue ich, spezifische Verhaltensweisen
- Ebene der Umgebung – der äußere Rahmen, wo, wann und die Reaktionen darauf.

Wenn Sie sich etwas mit Mentaltraining auskennen, haben Sie bestimmt schon bemerkt, dass die üblichen Methoden in den meisten Fällen nur ein oder zwei dieser Ebenen ansprechen. In der Regel handelt es sich dabei um die vierte und fünfte Ebene. Sportler die mental trainieren, wenden sich meist nur der dritten Ebene zu.
Können Sie sich vorstellen wie wirksam Mentaltraining sein kann, wenn Sie alle Ebenen mit einbeziehen? Mein Erfolgsrezept hierfür funktioniert wie folgt. Es ist natürlich wie immer mit etwas Arbeit verbunden.

1. Bestimmen Sie Ihr Ziel nach allen Kriterien, die wir bisher behandelt haben.
2. Bringen Sie Ihr Ziel zu den verschiedenen Ebenen in Beziehung.
3. Erschaffen Sie für jede Ebene ein zielspezifisches inneres Erleben.
4. Verknüpfen Sie die einzelnen Ebenen zu Ihrer persönlichen Erfolgsgeschichte.

Zu 1. Darüber habe ich schon genug geschrieben, wenn Sie es vergessen haben, blättern Sie zurück.

Zu 2. Wer sind Sie, wenn Sie Ihr Ziel erreicht haben? Was sind Ihre Werte, Glaubensmuster, etc. wenn Sie Ihr Ziel erreicht haben? Über welche Fähigkeiten verfügen Sie, wenn Sie Ihr Ziel erreicht haben? Was tun Sie, wenn Sie Ihr Ziel erreicht haben? Wo sind Sie, wenn Sie Ihr Ziel erreicht haben?

Zu 3. Ordnen Sie alle wichtigen Lebensbereiche den verschiedenen Ebenen zu und gestalten Sie diese dann Ihrem Ziel entsprechend. Am besten fertigen Sie sich hierzu ein paar Mind Maps.

Zu 4. Sobald Sie das Rohmaterial zusammen haben, machen Sie es sich bequem, lehnen Sie sich zurück und genießen Sie Ihr neues Leben. Sie werden staunen, wie schnell Sie sich auch in unserer scheinbar objektiven Welt in diesem neuen Leben wiederfinden.

Wenn Sie auf diese Weise arbeiten hat das den Vorteil, dass Sie mit Sicherheit nicht abschweifen. Sie begeben sich quasie in eine Geschichte, Ihre persönliche Erfolgsgeschichte. Diese Geschichte ist gefüllt mit vielen Dingen die Sie mögen. Sie haben diese Geschichte ausgeschmückt mit allen Details die eine besondere Anziehungskraft auf Sie ausüben. Wie

könnten Sie da noch abschweifen. Es wird Ihnen leicht fallen für zehn oder zwanzig Minuten vollkommen bei der Sache zu bleiben. Alle wichtigen Ebenen werden angesprochen. Für diese zehn oder zwanzig Minuten leben Sie genau das Leben, das Sie sich so sehr wünschen. Auch wenn Sie Ihre Übung dann nach zwanzig Minuten beenden, werden tiefere Schichten Ihrer Seele weiterarbeiten und nicht eher ruhen bis Sie haben was Sie wollen.
Geschichten haben eine sehr starke Prägekraft. Kennen Sie die Geschichte vom Einbein, Zweibein und Dreibein?

Ein Zweibein sitzt auf einem Dreibein und isst ein Einbein.Da kommt ein Vierbein und stiehlt dem Zweibein das Einbein. Darauf hin nimmt das Zweibein das Dreibein und erschlägt das Vierbein.

Nun legen Sie das Buch mal beiseite und wiederholen Sie diese Geschichte aus dem Gedächtnis. Ja, das ist mein Ernst, machen Sie mal. Jetzt!

Und? Haben Sie es geschafft? Falls ja, haben Sie wirklich ein gutes Gedächtnis oder Vera Birkenbhil gelesen, von ihr stammt diese Geschichte nämlich.
Wenn Sie wie die meisten Menschen Schwierigkeiten hatten, versuchen Sie es mal mit konkreten Vorstellungen. Packen Sie die Information in eine Geschichte wie folgt:

Das Zweibein ist ein Mensch, das Dreibein ein Hocker, das Einbein ein Hühnerschenkel und das Vierbein ein Hund.

Na, wissen Sie jetzt worauf es ankommt? Wenn Sie diese Erkenntnis in Ihrem Mentaltraining verwenden, können sie mit durchschlagenden Erfolgen rechnen.

Gedankenwesen.

Ein Freund von mir arbeitet mit sogenannten Elementalen.
Elementale sind Gedankenwesen, die mit einem Minimum an Bewußtsein ausgestattet sind. Wenn Sie ganz intensiv an etwas Denken und sich davon eine bildhafte Vorstellung machen, haben Sie ein solches Gedankenwesen erschaffen. Tun Sie dies nur einmal und vergessen diesen Gedanken wieder, löst sich dieses Wesen auf, es stirbt. Wiederholen Sie diesen Akt jedoch regelmäßig, beginnt dieses Wesen zu wachsen und entwickelt einen eigenen Überlebenstrieb. Das heißt, es kommt früher oder später selbständig zu Ihnen zurück und fordert Ihre Aufmerksamkeit. Wie sie sicherlich schon richtig erahnen, nährt sich dieses Wesen von Ihrer Zuwendung, von Ihrer Aufmerksamkeit.
Je öfter und intensiver Sie diese Vorstellung nähren, umso größer, stärker und mächtiger wird dieses Wesen.
Die Kollegen der Schulpsychologie würden jetzt von Zwangsgedanken sprechen.

Später wird es dann schwierig, diesen kleinen selbstgeschaffenen Teufel wieder los zu werden.
In dem Moment da Sie ihn bekämpft, wird er umso stärker, da er sich ja von der Energie, die ihm durch die Aufmerksamkeit zufließt, weiternährt.
Die einzige Chance, ein Elemental wieder los zu werden ist, es zu ignorieren, ihm keine Aufmerksamkeit mehr zu schenken.
Sie sehen, mit solchen Wesen lohnt es sich nur zu arbeiten, wenn man seine Gedanken unter Kontrolle hat.
Mein Freund beschäftigt ganze Armeen von Elementalen. Sie führen ihm neue Kunden zu, beeinflussen Verhandlungen und helfen ihm, seine jeweiligen Ziele zu erreichen.

Er widmet ihnen täglich und regelmäßig 10 bis 15 Minuten, in dieser Zeit spricht er zu ihnen, lobt und bestärkt sie und erteilt ihnen neue Aufträge.

Zum Abschluß:

So fantastisch sich dieses Buch auch lesen mag, geben Sie sich selbst eine Chance.
Probieren Sie einfach, für eine kurze Zeitspanne in Ihrem Leben, die Ihnen angebotenen Möglichkeiten aus. Entscheiden Sie erst danach, ob diese Übungen ihr Leben positiv verändern oder nicht.
Letztendlich bleibt es Ihnen selbst überlassen, ob Sie Ihrem Leben eine neue Richtung geben, hin zu mehr Eigenverantwortlichkeit, Bewußtheit und Freiheit, oder ob sie lieber im trüben Schlamm von Fremdeinwirkung, Beeinflussung, Leiden und Selbstmitleid schwimmen.

Sie haben die Wahl

An dieser Stelle meinen Dank an Uli, die „Eule von Felsberg," sie ist für die Rechtschreibfehler in diesem Buch verantwortlich. Wenn es für Ihren Geschmack zu viele sind rufen Sie mich an.
Ich gebe Ihnen Uli`s Adresse und Sie können Ihrem Unmut freien Lauf lassen.

Hypnose Institut Phoenix

Ausbildungen & Intensivseminar
Dipl. Hypnose & Regressions Coach
Dipl. Hypnose & Reinkarnationstherapeut

Seminare
Selbsthypnose & Mentaltraining

Fernkurse
Hypnose
Rückführungstechniken

http://www.hypnose-institut-phoenix.de

Simpatias
Magische Rituale und Rezepte
aus dem Süden Brasiliens

ISBN: 9783837019407